U0607475

红日升起在东方

李红梅 ◎ 著

（青少版）

中国文史出版社

出版说明

打碎旧世界，建立新中国，是中国历史上开天辟地的大事变。

1931 年，毛泽东在回答革命高潮何时到来时说过这样几句话："它是站在海岸遥望海中已经看得见桅杆尖头了的一只航船。它是立于高山之巅遥看东方已见光芒四射喷薄欲出的一轮朝日。它是躁动于母腹中的快要成熟了的一个婴儿。"

抗日战争胜利后，蒋介石为抢夺中国抗战成果，假意邀请中国共产党到重庆谈判，继而撕毁政治协商会议协议，发动内战；之后又操弄"国民大会""行宪国大"，当上"中华民国"总统，其威信业已彻底破产。中国人民解放军奋起反抗国民党军队的进攻，各条战线捷报频传。同时，全国各界爱国民主运动风起云涌，万水朝东，百川归海，人心动向变了！中国共产党以大海般的伟大胸襟，调动一切可以调动的积极因素，团结一切可以团结的力量，将民主党派、各界爱国人士、各社会贤达凝聚在人民民主统一战线的旗帜下。

1949 年 10 月，象征中国革命精神之源的南湖红船，终于像毛泽东预言的那样，迎着曙光，百折不挠地驶达胜利的彼岸！新中国诞生了！

走得再远都不能忘记来时路。本书全景式地展现了中国共产党领导各民主党派、无党派民主人士、人民团体和各族各界人士协商建立新中国的恢宏历史画卷，浓墨重彩地描绘了中共中央"五一口号"的提出及各方响应、民主人士秘密奔赴解放区、人民解放军势如破竹节节胜利、筹建新中国和开国大典等精彩篇章。中华人民共和国的成立，从根本上改变了中国社会的发展方向。从此，中华儿女在民族复兴大道上，开拓进取、克难攻坚，不断书写一个又一个辉煌！

本书通过精选大量珍贵史料编纂而成，内容独特、生动，富有思想性、知识性，是青少年朋友从一个全新视角了解新中国成立历史的有益教材；对广大读者增强爱国主义、社会主义意识，强化"爱我中华"精神具有重要帮助。

目录 CONTENTS

第一章 "五一口号"

　　各民主党派、各人民团体、各社会贤达迅速召开政治协商会议，讨论并实现召集人民代表大会，成立民主联合政府！

　　　　　　　——中共中央1948年发布的"五一口号"第五条

人心动向变了，群众站在我们方面

1945 年 8 月，中国人民经过 14 年的浴血奋战，终于取得了抗日战争的伟大胜利。这是中华民族的新生，是永载史册的荣光。

从抗战血泊中挣扎出来的中国人民，对于和平是何等渴望啊！但是，以蒋介石为首的国民党统治集团，却要独占胜利果实。中国人民面前摆着两条路：光明的路和黑暗的路；两种命运：光明中国之命运和黑暗中国之命运。处于光明与黑暗十字路口，中国将走向何方？

为了争取光明的前途，中国共产党顺应民意，积极主张和平，要与国民党及其他党派联合建立民主联合政府。蒋介石尽管坚持内战的既定方针，但对违背民意立即发动内战还是有所顾忌的。8 月 14 日、20 日、23 日，蒋介石接连给毛泽东发去三封电报，邀请毛泽东到重庆谈判。他的用意很明显：如毛泽东来则可使其就范；如其不来，则可以昭示宽大于天下，而中共将负破坏统一之责。

中共中央为争取和平建国，决定与国民党谈判。8 月 28 日，毛泽东率领中国共产党代表团从延安飞抵重庆。得知老友毛泽东到达重庆，柳亚子赠诗一首，其言道："弥天大勇诚能格，遍地劳民战尚休。"

从 8 月 29 日到 10 月 10 日，经过艰难的 43 天谈判，国共双方代表签署《政府与中共代表会谈纪要》（《双十协定》）。这是中国共产党运用和平方式开展斗争的一次成功实践。

政治民主化和军队国家化是重庆谈判的焦点。关于政治民主化达成的协议提出，应首先"由国民政府召开政治协商会议，邀集各党派代表及社会贤达协商国是，讨论和平建国方案及召开国民大会各项问题"。召开政

治协商会议为国共两党和民主党派谋求战后新的合作提出了实现形式，这也是中国共产党提出的结束国民党一党专政、经过党派会议成立联合政府主张的重要体现。

抗战期间，民主运动成为势不可当的时代洪流。许多民主人士和爱国知识分子已经认识到组织起来以壮大力量、抵制国民党专制政权的重要性，他们陆续组建了民主党派和民主团体。中国民主同盟（民盟）、民主建国会（民建）、中国民主促

1945年，重庆谈判期间国共两党领袖一起合影

进会（民进）、中国国民党民主促进会（民促）、中国农工民主党（农工党）、中国人民救国会（救国会）、九三学社（九三）等民主党派纷纷成立。谈判期间，毛泽东、周恩来等中共代表以多种形式，广泛接触各民主党派及民主人士，扩大和巩固统一战线。毛泽东三访民盟总部"特园"的故事已成为中国共产党统战史上的一段佳话。

1946年1月10日至31日，政治协商会议在重庆国民政府礼堂召开。国民党、共产党、民盟、青年党、社会贤达5个方面的代表出席会议。周恩来代表中共在开幕会致辞中说：这样的政治协商会议，在中国的政治历史上还是创举。会议通过了《关于政府组织问题的协议》《和平建国纲领》《关于国民大会的协议》《关于宪章问题的协议》《关于军事问题的协议》。政治协商会议的召开及通过的一系列决议，是中国人民反对国民党一党专制、争取和平民主的重要成果，是中国民主革命的一次重大胜利。

但是，蒋介石集团不会自动放弃一党专制统治。政协协议墨迹未干，蒋介石就置全国人民愿望于不顾，于 6 月 26 日以 22 万国民党军队进攻中原解放区，发动全面内战。尽管政协协议遭到了蒋介石的破坏，但在此后的一段时间内，政协会议体现的协商精神深入人心，鼓舞了中国人民争取和平民主的希望。

蒋介石发动全面内战时，一度叫嚣"五个月之内打垮中共军"。国共双方军事和经济力量悬殊，形势严峻。中共中央清醒地估计国际国内形势，及时确定了用自卫战争粉碎国民党军队的进攻，以期恢复国内和平的方针。针对一些人产生的悲观估计，毛泽东在 8 月与美国记者安娜·路易斯·斯特朗的谈话中提出了"帝国主义和一切反动派都是纸老虎"的著名论断。在中共中央的正确领导下，解放区军民奋起反击国民党的军事进攻，在自卫战争中不断赢得胜利。

国民党在向解放区发动全面进攻的同时，违背政协协议关于先改组政府，再由各党派成立联合政府主持召开国民大会的规定，于 11 月 15 日召开一党包办的"国民大会"，通过了《中华民国宪法》。国民党"国大"及通过的"宪法"，从根本上代表和维护大地主、大资产阶级的既得利益，未能改变国民党一党专政的实质。国民党召开"国民大会"也是对"真民主""假民主"

政治协商会议于 1946 年 1 月 10 日至 31 日在国民政府礼堂（重庆）召开

的试金石。中国共产党提出抗议，指出"国民党单独召开国大，违反政协精神"，要为"真民主真和平而奋斗到底"；民盟表态："当局如此独行其是，以将政协各党派平等协商国是之精神摧毁殆尽"；民建、民进、九三学社等11个团体联合发表声明，坚决反对和否认国民党一党制定的宪法。只有青年党、民社党和少数"社会贤达"尾随国民党。

面对新的形势，中共中央作出以革命战争方式最后解决国内问题的决定。11月18日，中共中央发出党内指示，第一次使用"人民解放战争"

中国人民解放军转入战略进攻示意图

的名称，取代之前的"自卫战争"。

1947年上半年，毛泽东将重点放在陕北战场和山东战场。毛泽东形象地比喻他的战略构想："蒋介石两个拳头（指陕北和山东）这么一伸，他的胸膛（指中原）就露出来了。所以，我们的战略就是要把这两个拳头紧紧拖住，对准他的胸膛插上一刀！这一刀就是我刘邓大军挺进中原。"陕北、山东两个战场连连告捷，中共中央开始经略中原。在转战陕北的途中，毛泽东制定了"三军配合、两翼作战"的战略部署，指挥人民军队从内线作战转向外线出击，把战争引向国民党统治区。6月30日夜，刘邓大军7个纵队12万人，在鲁西南、郓城等地强渡黄河，向大别山挺进，揭开了中国人民解放军战略进攻的序幕。8月，晋冀鲁豫野战军挺进豫西；9月，华东野战军主力南下进入豫皖苏平原。三路大军打到外线，呈"品"字形展开，互为掎角，纵横驰骋于江淮河汉之间，歼灭大量敌人。在内线作战的人民解放军也加紧发起攻击，渐次转入反攻。各战场上的攻势作战，构成了人民解放军全国规模战略进攻的总态势。

人民是战争胜利之本。7月至9月，刘少奇主持中共中央工委在西柏坡召开全国土地会议，总结土改经验，制定了《中国土地法大纲》。土改法废除封建剥削，实行"耕者有其田"的土地制度，极大激发了广大农民支持革命战争的积极性。

随着人民解放军转入战略进攻，10月10日，人民解放军总部发表宣言，第一次响亮提出"打倒蒋介石，解放全中国"的口号，极大鼓舞了全军的斗志。这表明，中国共产党将"另起炉灶"，不再与国民党"在一个灶上造饭"了。12月25日至28日，中共中央转战陕北时，在米脂县杨家沟召开扩大会议（史称"十二月会议"）。毛泽东对形势作出一个极其重要的判断：中国革命已经到了一个新的历史转折点。"这是蒋介石的二十年反革命统治由发展到消灭的转折点。这是一百多年以来帝国主义在中国的统治由发展到消灭的转折点。这是一个伟大的事变。""这个事变一经发生，它就必然地走向全国的胜利。"

全面内战爆发后，国民党的腐败无能在各个方面更加明显地体现出来。为了改变"时局逆转，人心动荡，军政经社均濒危殆"的状况，国民党决定实行全国总动员和党政改革，力图挽救困局。总动员令的实施，国家从平时体制转入战时体制。国民党进一步强化了白色恐怖，更加残酷掠夺社会财富满足战争需要，加剧迫害民主党派和民主人士，这引起人民的更大不满和反抗。国民党统治区的爱国民主运动不断高涨，形成与人民解放战争互相配合的第二条战线。

抗战胜利前后，民主党派在争取和平、民主，反对帝国主义的旗帜下，与国民党集团开展斗争。在民主党派内部，一些人仍对美国和国民党存在某种幻想。他们的某些代表人物主张在中国实行"中间路线"，在国共两党的道路之外另走"第三条道路"。1947年10月，国民党政府宣布民盟非法；民盟总部于11月6日在上海被迫解散。这也标志着第三方面"中间路线"政治幻想的破灭。此后，民建、民进、民促、农工党、救国会、九三学社等民主党派也被迫转入地下，继续开展活动，支持国统区的民主爱国运动。毛泽东在"十二月会议"上指出，"人心动向变了，蒋介石很孤立，群众站在我们方面"。

1947年，国统区大城市相继爆发"反饥饿、反内战、反迫害"游行

形势喜人，形势逼人。人民解放军在转入战略进攻的一年间，共歼灭国民党军队152万人，收复和解放拥有3700万人口的15.6万平方公里土地和164座中、小城市，即将迎来战略决战的新高潮。人民解放战争的高歌猛进，

第二条战线人民民主运动风起云涌。胡乔木形象地说："不要说我们的敌人对此感到震惊，甚至目瞪口呆，就连我们的朋友、我们党内的许多干部，对此也十分惊讶，出乎意外。"

"五一口号"拉开协商建立新中国序幕

　　一切革命的根本问题是国家政权问题。为了推翻压在中国人民头上的"三座大山",建立一个人民当家作主的新中国,以毛泽东为代表的中国共产党人进行了 20 多年艰苦卓绝的斗争。当历史的车轮走到 1948 年上半年时,筹建新政权、建立新中国时机成熟了!

　　鼎革之际的 1948 年,局势波谲云诡,极不平凡。为了部署和指挥全国战争,还在春寒料峭时,转战陕北的毛泽东、周恩来、任弼时率领中共中央纵队,从陕西吴堡县川口村东渡黄河,向中央工委所在地河北省平山县转移。4 月 13 日抵达晋察冀军区所在地河北省阜平县城南庄。城南庄位于阜平县西南约 30 公里处。晋察冀军区司令部设在一座农家大院里。这座院子坐北朝南,背依菩萨岭,四周苍松翠柏,一条小河从院旁流过,环境十分秀美。

　　4 月 23 日,周恩来、任弼时率领中央机关部分人员去往西柏坡,与刘少奇、朱德及中央工委会合。毛泽东留在城南庄,住在晋察冀军区司令员聂荣臻腾出的房间里,做着访问苏联的准备。他要与苏共领导人探讨建立新政权的若干重大问题。

　　捷报频频传来。4 月 5 日,人民解放军第二次攻克豫西重镇洛阳;4 月 21 日,成功收复延安。

　　风雨飘摇中的蒋家王朝还在挣扎着,于 3 月 29 日至 5 月 1 日召开"行宪国大",选举蒋介石为"总统"、李宗仁为"副总统"。各民主党派、社会各界纷纷发表声明,不承认国民党一手炮制的所谓国大、宪法产生的"中华民国政府""总统"的合法性,呼吁"由全中国人民,包括一切民主党派及人民团体共同建立民主联合政府，通过民主的方式，产生真正的民主宪法。只有这样，才能实现真正的独立、民主、和平、幸福的新中国"。

革命胜利指日可待，成立民主联合政府是人心所向、大势所趋。在城南庄，毛泽东以政治家的睿智、战略家的魄力，审时度势，开始谋划建立新政权、创立新中国的政治构想。4月25日，毛泽东致电在西柏坡的刘少奇、朱德、周恩来、任弼时等，通知他们即将召开的中共中央书记处会议拟讨论的问题，第一项就是"邀请港、沪、平、津等各地中间党派及民众团体的代表人物到解放区，商讨关于召开人民代表大会并成立临时中央政府问题"；4月27日，毛泽东写信给晋察冀中央局城市工作部部长刘仁，要他告诉民主人士张东荪、符定一两位先生，中共准备召开各民主党派各人民团体的代表会议，讨论关于召开人民代表大会成立民主联合政府问题，以及关于加强各民主党派、各人民团体的合作及纲领政策问题。毛泽东在信中还指出："会议的名称拟称为政治协商会议。会议的参加者，一切民主党派及重要人民团体均可派遣代表。""开会地点在哈尔滨，开会时间在今年秋季。"毛泽东的这两封信，基本勾画出了筹建新中国的路线图。

恰逢1948年"五一国际劳动节"即将来临。按照惯例，为纪念这一节日，每年的这个时候，中共中央都会通过新闻宣传部门——新华通讯社，对外发表宣言、口号，举行集会、游行，刊发文章、社论。解放战争是共产党同国民党进行的一场决定中国前途和命运的伟大

毛泽东致刘仁的信

河北省阜平县城南庄晋察冀军区司令部旧址，毛泽东在此居住并修改"五一口号"

决战。中国共产党要发布建立新政权的政治主张，"五一口号"无疑是最恰当的形式。

"五一口号"初稿共二十五条。毛泽东对初稿做了重要修改，精减为二十三条。他重新起草了第五条"各民主党派、各人民团体、各社会贤达迅速召开政治协商会议，讨论并实现召集人民代表大会，成立民主联合政府"。影响中国历史进程的"五一口号"因毛泽东的修改而闪烁着更加辉煌的光芒。

从毛泽东字斟句酌的修改，可以看出他对"五一口号"的重视程度。一字一句，皆有深意。修改后的第五条是"五一口号"的点睛之笔，高度概括了中共中央的建国方略。

4月30日至5月7日，中共中央在城南庄召开书记处扩大会议（史称"城南庄会议"）。毛泽东、刘少奇、朱德、周恩来、任弼时等出席会议。

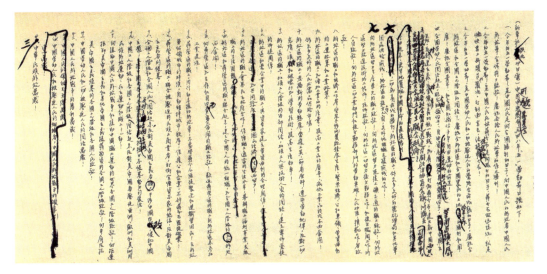

毛泽东修改的"五一口号"

会议总结了人民解放军转入战略进攻以来的经验，分析了当前的战略形势，研究了夺取全国胜利的各项战略部署和方针政策。大家对经毛泽东修改后的"中国共产党发布一九四八年'五一'劳动节口号"进行了热烈讨论。周恩来指出，"五一口号"提出召开政治协商会议，从形式上看是恢复 1946 年 1 月政协的名称，但性质和内容都不同了。周恩来专门强调，"五一口号"不是宣传口号，而是行动口号，这是今天形势发展的趋势，是全国人民的要求。刘少奇指出：目前召开政治协商

中共中央发布纪念"五一"劳动节口号

（一九四八年四月三十日）

中国共产党中央委员会发布一九四八年"五一"劳动节口号如下：

（一）今年的"五一"劳动节，是中国人民走向全国胜利的日子。向中国人民的解放者中国人民解放军全体将士致敬。庆祝各路人民解放军的伟大胜利！

（二）今年的"五一"劳动节，是中国人民死敌蒋介石走向灭亡的日子。蒋介石做伪总统，就要从头上的预兆。打到南京去，活捉伪总统蒋介石！

（三）今年的"五一"劳动节，是中国劳动人民和一切被压迫人民的觉悟空前成熟的日子。庆祝全解放区和全国工人阶级的团结！庆祝全解放区和全国农民的土地改革工作的胜利和开展！庆祝全国青年和全国知识分子争自由运动的前进！

（四）全国劳动人民团结起来，联合全国知识分子、自由资产阶级、各民主党派、社会贤达及其他爱国分子，巩固与扩大反对帝国主义反封建主义、反对官僚资本主义的统一战线，为着打倒蒋介石，建立新中国而共同奋斗。

（五）各民主党派、各人民团体、各社会贤达迅速召开政治协商会议，讨论并实现召集人民代表大会，成立民主联合政府！

（六）一切为着前线的胜利。解放区的职工，拿更多更好的枪炮弹药和其他军用品供给前线！解放区的后方工作人员，更好地组织支援前线的工作！

（七）向解放区努力生产军火的职工致敬！向解放区努力恢复工矿交通的职工致敬！向解放区努力改进技术的工程师、技师致敬！向解放区一切努力于后勤务工作和后方机关工作的人员致敬！向解放区一切工业部门和后方勤务部门的劳动英雄、人民功臣、模范工作者致敬！

（八）解放区的职工和经济工作者，坚定不移地贯彻发展生产、繁荣经济、公私兼顾、劳资两利的工业政策和工业政策！

（九）解放区的职工，为增加工业的产量、提高工业的质量、减低工业的成本而奋斗！拿更多更好的人民必需品供给市场！

（十）解放区的职工，发扬忘我的劳动态度，爱护工具，节省原料，遵守劳动纪律，反对一切怠惰、浪费和破坏行为，学习技术，提高生产效率！

（十一）解放区的职工，加强工人阶级的内部团结，加强工人与技术人员的团结，建立尊师爱徒的师徒关系！

（十二）解放区私营企业中的职工，与资本家建立劳资两利的合理关系，为共同发展国民经济而努力！

（十三）解放区的职工会与民主政府合作，保障职工适当的生活水平，举办职工福利事业，克服职工的生活困难！

（十四）解放区和蒋管区的职工联合起来，建立全国工人的统一组织，为全国工人阶级的解放而斗争！

（十五）向蒋管区为生存和自由而英勇奋斗的职工致敬！欢迎蒋管区的职工到解放区来参加工业建设！

（十六）蒋管区的职工，用行动来援助解放军，不要替蒋介石重征制造和运输军用品！在解放军占领城市的时候，自动维持城市秩序，保护公私企业，不许蒋介石重征破坏！

（十七）蒋管区的职工，联合被压迫的民族工商业者，打倒官僚资本家的统治，反对美帝国主义者的侵略！

（十八）全国工人阶级和全国人民团结起来，反对美帝国主义者干涉中国内政，侵犯中国主权，反对美帝国主义者扶植日本侵略势力的阴谋！

（十九）全国工人阶级和各国工人阶级团结起来，反对美帝国主义者压迫亚洲、欧洲和美洲的民族解放运动、民主运动和职工运动！

（二十）向援助中国人民解放战争和援助中国职工运动的世界各国工人阶级致敬！向拒绝和阻挡美帝国主义和其他帝国主义援物资的各国工人阶级致敬！向开启坚决反抗美帝国主义侵略的各国工人阶级和各国人民致敬！

（二十一）中国劳动人民和一切被压迫人民团结万岁！

（二十二）中国人民解放战争的胜利万岁！

（二十三）中华民族解放万岁！

中共中央发布纪念"五一"劳动节口号

1948年5月1日《晋察冀日报》头条刊发"五一口号"全文

会议的国际国内形势已经成熟，我们先提政协这个口号，可以起号召作用，要争取 90% 的人，团结一切可以团结的力量。

会议经过认真讨论，决定以中共中央名义发布"五一口号"。具有重大意义和深远影响的"五一口号"诞生了。

"五一口号"是中国共产党发布的重要政治主张。对如何发布，中共中央及毛泽东都十分重视。"晋察冀日报社"距离城南庄不远。近水楼台，《晋察冀日报》首发"五一口号"。据时任社长兼总编辑邓拓回忆：

4月30日，我接到紧急通知，要我赶到城南庄参加一个紧急会议。当时，《晋察冀日报》驻在新房村，离城南庄只有一公里远。我见到主席后，主席紧紧地握住我的手，兴奋之情溢于言表。主席亲自把《纪念五一国际劳动节口号》手稿交给我，让我拿去打印。为了慎重起见，将"五一劳动节口号"打出清样后，我又交送主席审阅。4月30日深夜，主席亲自审改后，于5月1日《晋察冀日报》在第一版头条位置发表，共23条，口号上方还端端正正地印了毛泽东的侧身头像。

4月30日，新华社正式对外发布"五一口号"，新华广播电台同时进行了广播。5月1日，《晋察冀日报》《群众日报》等解放区报纸头版全文刊登"五一口号"。解放区以外，香港《华商报》最早刊登"五一口号"。

"五一口号"是中共中央到华北后围绕打倒蒋介石、建立新中国这个核心任务而发布的一个重要文件，是一个指引方向和部署工作相结合、宣传口号和行动口号相一致的政治宣言。胡乔木回忆说：

中共中央发布纪念"五一"劳动节口号23条，其中经毛主席亲自改写的第五条，正式向全国各民主党派、各人民团体、各社会贤达发出"迅速召开政治协商会议，讨论并实现召集人民代表大会，成立民主联合政府"的号召，由此揭开了筹建新中国的序幕。

香江风云涌动

解放战争时期的香港，是民主力量的主要聚集地。在港英当局统治下，它处于一个既不是蒋管区，也不是解放区的"第三种地带"。民主人士称，在这里，"不像解放区那么动荡，也不像蒋管区那样受迫害"。

1947年1月，中共中央未雨绸缪，组建了香港分局。在周恩来的直接安排下，一部分民主人士、文化界进步人士陆续撤到香港。除九三学社和民建之外，民盟、民进及其他民主党派的中央机构、重要领导人和著名民主人士都转移到了香港。

在反对蒋介石集团的专制统治中，国民党内的民主力量也进一步集结。1947年11月12日至1948年1月1日，中国国民党民主派第一次全国代表大会在香港举行。会议选举产生中国国民党革命委员会（民革）中央执行委员会，推举宋庆龄为名誉主席，李济深为主席，何香凝、冯玉祥、谭平山、蔡廷锴等为中央常务委员会委员。民革的行动纲领指出："以实现革命的三民主义，建设独立、民主、幸福之新中国为最高理想。"民革提出，应坚持与中共和其他党派合作，"各民主党派及各界民主人士之代表组织联合政府，为过渡期间之最高政治权力机关"。

民盟被迫解散后，它的一些组织和成员转入地下坚持斗争。民盟中央领导人沈钧儒、章伯钧、周新民等秘密到了香港。1948年1月5至19日，民盟在香港召开一届三中全会。会议指出，民盟的立场就是人民的民主的立场，就是革命的立场。民盟公开声明，要与中国共产党实行密切的合作。民盟一届三中全会制定的新的政治路线与中国共产党的新民主主义革命路线基本一致。这表明民盟经过认真反思总结，在形势推动下，进入了一个新的历史发展时期。

在香港，李济深、沈钧儒是民主党派代表性人物，影响力大，号召力强。中共中央发布"五一口号"的同时，毛泽东随即给这两位民主人士发信征询意见。毛泽东提出："在目前形势下，召集人民代表大会，成立民主联合政府，加强各民主党派、各人民团体的相互合作，并拟订民主联合政府的施政纲领，业已成为必要，时机亦已成熟。""但欲实现这一步骤，必须先邀集各民主党派、各人民团体的代表开一个会议。在这个会议上，讨论并决定上述问题。此项会议似宜定名为政治协商会议。一切反美帝反蒋党的民主党派、人民团体，均可派代表参加。不属于各民主党派、各人民团体的反美帝反蒋党的某些社会贤达，亦可被邀参加此项会议。此项会议的决定，必须求得到会各主要民主党派及各人民团体的共同一致，并尽可能求得全体一致。会议的地点，提议在哈尔滨。会议的时间，提议在今

1948 年 5 月 1 日，毛泽东致李济深、沈钧儒的信

年秋季。"

　　毛泽东给李济深、沈钧儒的这封信，在协商建立新中国历史上，有着特殊的意义和价值。信函内容与"五一口号"相互呼应，重申了基本精神。毛泽东还以协商的态度就目前形势的判断及政治协商会议召开的时间、地点、发起者、参会党派、实施步骤等具体事宜提出建议，这又是对"五一口号"内容的补充和说明。整封信的字里行间，充分反映了中国共产党坚持多党合作、共商建国伟业的政治构想。

　　1948年5月2日，李济深即同沈钧儒一道，召集在香港的各民主党派负责人到他的寓所聚会，讨论中共"五一口号"。李济深（民革）、何香凝（民革）、沈钧儒（民盟）、章伯钧（民盟）、马叙伦（民进）、王绍鏊（民进）、陈其尤（致公党）、彭泽民（农工党）、李章达（救国会）、蔡廷锴（民促）、谭平山（民联）和郭沫若（无党无派）等12位民主人士一致认为，召开新政协、建立民主联合政府是我国"政治上的必经的途径"。与会者商定，立即以联名通电的方式响应"五一口号"。

　　5月5日，李济深等12人代表各自党派和无党派民主人士，联名发出给全国同胞和毛泽东的两个通电，正式公开响应中共"五一口号"。

香港《华商报》对12位民主人士联名通电的报道

两个通电针对不同对象表述略有侧重，但对"五一口号"的反应，都用了"适合人民时势之要求，尤符同人等之本旨"的措辞。"五五"通电在《华商报》刊发后，在香港的各民主党派、各人民团体和海外华侨，立即纷纷发声，引发了席卷而来的响应浪潮。

在历史转折的当口，响应"五一"号召、召开新的政治协商会议已成为一个广泛的社会共识。但新政协如何召开，在哪儿召开，什么时候召开，哪些人参加，性质是什么，发展方向是什么，凡此种种，都是摆在中国共产党和各民主党派面前需要深入讨论和不断协商的问题。

中共中央始终关注香港方面的动向，多次就召开新政协事宜向香港分局发出指示。香港分局主要负责人由于发现家里电话已被港英当局窃听，他们通过单独登门拜访民主人士的办法，听取重要意见。同时，香港分局还以召开座谈会、在报刊发表文章等方式，解读中共中央精神，了解民主党派的动向和主张。6月14日，民盟发表响应中共"五一口号"声明，正式提出"新政协运动"的概念。这些座谈会和讨论文章，其性质和内容无疑是"新政协运动"的重要组成部分。在讨论中，中国共产党和各民主党派、人民团体、无党派民主人士及社会各界一致认为，尽管这次提出的"政治协商会议"与1946年召开的会议名称一样，但已经有了本质的不同。为了区别起见，把国民党召开的政治协商会议称为"旧政协"；把"五一口号"提出的政治协商会议称为"新政协"。

"新政协运动"最为集中的讨论体现在两次座谈会上。5月8日，第一次正式讨论新政协的座谈会由《华商报》召集，主题为"目前新形势与新政协"。与会者围绕三个问题讨论：新政协与旧政协有什么不同的地方？新政协和人民代表大会的召开，在现阶段的民主运动的作用和影响怎样？在广大人民中需要如何推动，以促进新政权的建立和扩大它的基础？郭沫若、邓初民、翦伯赞、马叙伦、章乃器、黄药眠等民主人士在座谈会上作了发言，沈钧儒、章伯钧和谭平山提供了书面发言。

6月30日，香港分局书记方方亲自主持召开座谈会，邀请马叙伦、郭

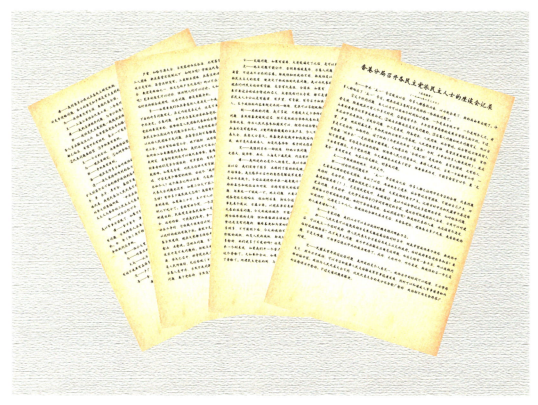

1948年6月30日座谈会会议记录

沫若、沈钧儒、谭平山、茅盾、李章达、胡愈之、王绍鏊等出席。李济深因故没有到会，委托连贯转达他的意见。这次座谈会集中围绕新政协的召开时间、地点、性质、参加范围、领导者等具体问题各抒己见，进一步交流了观点、凝聚了共识。

香港"新政协运动"虽说历时不过数月，但影响深远。在香港的民主党派领导人、著名民主人士积极投身"新政协运动"，或踊跃研讨，或奋笔报端。新政协是一个新生事物，又事关召集人民代表大会、成立民主联合政府这等重大问题，大家讨论中虽说对一些具体问题难免有认识上的差异，但共识仍然是主流的。大家普遍认为"建立新中国的时机已到""新政协是对旧政协的超越"。

中共中央发出"邀请函"

"五一口号"提出了建立新中国的程序：第一步，召开政治协商会议；第二步，召集人民代表大会，由此成立民主联合政府。在响应中共中央"五一口号"热潮中，这个程序已经成为各民主党派、各界人士的共识。但哪些党派团体有资格参与这一不朽盛事，哪些人有资格成为会议代表，则是一件严肃的事情。由于各民主党派总部及其领导人或在国民党统治区或在香港，沟通和协商邀请名单只能通过中共地下党组织转达或代为进行。

"五一口号"正式发布前，毛泽东就已经考虑如何邀请民主人士来解放区、如何征求他们意见的问题了。1948 年 4 月 27 日，毛泽东在致华北局城工部部长刘仁的信中，专门请他联系北平的张东荪、符定一等民主人士，商议应邀请哪些人参加新政协。"五一口号"发布的同时，中共中央就给香港分局和上海分局发电提出：我党准备邀请各民主党派及重要人民团体的代表来解放区开会讨论关于召开人民代表大会并成立民主联合政府问题，以及加强各民主党派各人民团体的合作及纲领政策问题。为着上述目的，"我党拟邀请李济深、冯玉祥、何香凝、李章达、柳亚子、谭平山、沈钧儒、章伯钧、彭泽民、史良、邓初民、沙千里、郭沫若、茅盾、马叙伦、章乃器、张绒伯、陈嘉庚、简玉阶、施存统、黄炎培、张澜、罗隆基、张东荪、许德珩、吴晗、曾昭抡、符定一、雷洁琼及其他民主人士来解放区开会。其中有被敌监视不能来者，可派遣本人的代表"。这封电文与毛泽东给李济深、沈钧儒的信，内容基本一致，所不同的是增加了拟邀请人员的具体名单。当时，被邀请的这 29 位民主人士，有的在香港，有的在海外，有的在国统区上海、北平、天津等地。中共中央发出这一指示，旨在部署具体工作，安排沪局、港分局向民主人士通报情况、征求意见、酝酿名单。

中共中央向香港分局发出电报后，迫切想要了解各民主党派、重要民主人士的反应和态度。事实上，香港的"新政协运动"也如火如荼。遗憾的是，由于"密码故障""交通阻隔"等原因，毛泽东并没有在第一时间看到民主人士的"五五"通电及其他相关声明和讨论情况。他复电民主人士，已经是三个月以后的事情了。

8月1日，毛泽东致电李济深、何香凝、沈钧儒等民主人士并转香港各民主党派、人民团体及无党派民主人士：

> 五月五日电示，因交通阻隔，今始奉悉。诸先生赞同敝党五月一日关于召开新的政治协商会议讨论并实现召集人民代表大会建立民主联合政府一项主张，并热心促其实现，极为钦佩。现在革命形势日益开展，一切民主力量亟宜加强团结，共同奋斗，以期早日消灭中国反动势力，制止美帝国主义的侵略，建立独立、自由、富强和统一的中华人民民主共和国。为此目的，实有召集各民主党派、各人民团体及无党派民主人士的代表们共同协商的必要。关于召集此项会议的时机、地点、何人召集、参加会议者的范围以及会议应讨论的问题等项，希望诸先生及全国各界民主人士共同研讨，并以卓见见示，曷胜感荷。谨电奉复，即祈谅察。

毛泽东的复电再次强调：为建立独立、自由、富强和统一的中华人民民主共和国，实有召集各民主党派、各人民团体及无党派民主人士的代表们共同协商的必要。这份复电，实际上是一份协商建立新中国的正式邀请函。此后，中共中央把部署和秘密护送民主人士从香港、从国统区到解放区，参与筹备新政协、建立新政权摆上了重要议事日程。

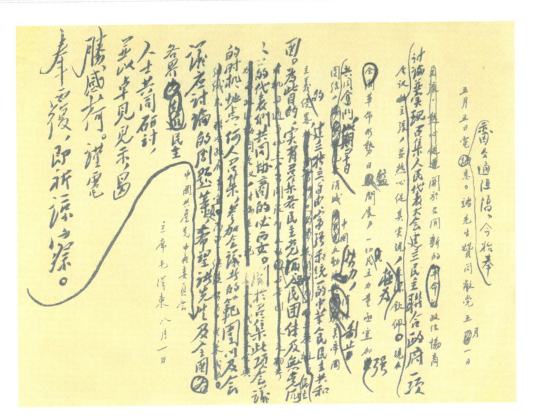

毛泽东修改的"八一复电"

第二章　万水朝东

同舟共济。一心一意。为了一件大事。一件为着参与共同建立一个独立、民主、和平、统一、康乐的新中国的大事。同舟共济。恭喜恭喜。一心一意。来做一件大事。前进！前进！努力！努力！

——李济深 1949 年元旦写于北上途中

周恩来坐镇指挥北上行动

　　1948 年春夏，正值国共战事紧张之际，毛泽东听从斯大林的建议，暂缓访苏。5 月 27 日，毛泽东一行迁移到河北省平山县西柏坡，与朱德、刘少奇、周恩来、任弼时会合。从此，西柏坡这个小山村成为中国革命最后一个农村指挥所，见证了中国命运发生历史性转折的一幕幕。毛泽东、周恩来等中共中央领导人，在西柏坡部署大决战、谋划大方略，为新中国奠基。

　　当太行山层林尽染时，中共中央已将农村走向城市、建立新政权的崭新课题摆在全党面前。以时任中共中央副秘书长、中央办公厅主任杨尚昆的说法，当时中共中央最大的任务有两件：一是打仗，二是

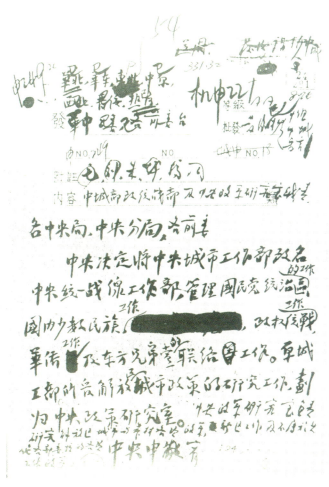

中共中央关于城工部改名为统战部及该部工作任务的指示

统战。所谓"统战"，就是邀请、安排和护送民主人士前往解放区，筹备新政协、筹建新中国。为适应形势的需要，中共中央将城市工作部改制为统一战线工作部，承担筹备新政协的重任。

各民主党派领导人和各界代表人士李济深、何香凝、沈钧儒、章伯钧、马叙伦、郭沫若、谭平山、蔡廷锴、柳亚子、彭泽民、李章达等人，在全面内战爆发后，为躲避国民党当局的迫害，都转移到了香港。以此为基地，他们继续开展民主活动。1948 年秋天，解放战争的三大战役尚未开始，国民党重兵在握、严阵以待；港英当局左右摇摆、态度暧昧。在这样的情况下，中共中央要想穿过国民党的层层封锁，突破港英当局的重重阻挠，将这些著名人物秘密安全地护送到解放区，不亚于一项规模庞大的系统工程，堪称"奇迹"。周恩来亲自担任了这项工程的总指挥。

周恩来不仅是中国共产党的卓越领导人，也是党和军队情报工作的创建者。作为中共隐蔽战线的"掌门人"，他素以心思缜密著称。中共中央"五一口号"发布后，周恩来在协助毛泽东进行军事部署的同时，投入

1948 年周恩来在西柏坡

很大精力组织民主人士到解放区、开展新政协的筹备。

这个"系统工程"的关键，是要制定安全可靠的接待地点和接送路线。中共中央拟定的邀请名单里，个个都是在全国有着较大影响力的代表人士。这些人同时也是国民党的重点防控对象。据后来解密的档案，1949 年年初"引退"后的蒋介石在溪口老家召见保密局局长毛人凤，指示他制定一份暗杀名单。这份名单里，除少数几个国民党内部政治宿敌外，大部分是反对他的民主党派领袖人物和知名人士。根据战争形势，中央曾打算把新政协召开地点放在哈尔滨或者华北。周恩来经过慎重策划，确定了两个接送民主人士的目的地：一个是东北解放区的哈尔滨，一个是中共中央统战部所在地河北省平山县李家庄。

香港距离哈尔滨和李家庄这两个接待地点都比较远，中间有国统区和国共双方交战区。周恩来考虑，由于李家庄位于华北腹地，香港人士到李家庄只能走陆路，而大多数民主人士身份显赫，没有战斗经验，不利于隐蔽，太过危险，所以，把香港民主人士的目的地确定在哈尔滨。9 月 20 日，中共中央给沪局、港分局发电指出："北来人士，拟先集中哈尔滨招待商谈；华北民主人士如直进解放区，则集中华北。视战事发展，明春或来华北或即在哈市召开新政协。"实际上，随着战事发展，从香港出发的只有第一批沈钧儒一行到了哈尔滨；之后的北上者，大多汇集到刚刚解放的沈阳；也有人冒着风险辗转来到李家庄。

香港与哈尔滨之间，周恩来最初设计的是空中路线。他设想：从香港乘飞机先到伦敦，再由伦敦转飞莫斯科，由莫斯科进入哈尔滨。因为这条路线的安全性最有保障，同时一批可以组织上百人。不过，这一设想由于港英政府的敷衍而未能实现。在对待国共两党的政策上，港英政府虽然态度"中立"，但英国政府与国民党政府有正式的外交关系，他们还是有所忌惮。周恩来决定放弃欧洲空中路线，启动海上路线。这条路线是由香港至大连或朝鲜罗津港到东北解放区的海上航道，沿途经过朝鲜海峡、黄海、东海和台湾海峡。周恩来早在内战爆发后就派钱之光以经营贸易名义打通

了此航道。

走空中路线，看似绕道，实则相对便捷。而走海路，租用货轮，只能秘密分批进行。途中不仅耗时长，各种风险和不确定因素无法预料。毛泽东"八一复电"的第二天，周恩来致电在大连用经营贸易作掩护的钱之光，让他以解放区救济总署特派员名义前去香港。香港分局按照周恩来指示，由潘汉年、夏衍、连贯、许涤新、饶彰风成立五人小组，护送民主人士北上。

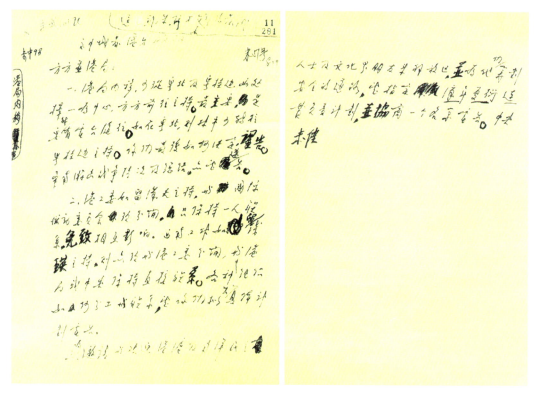

周恩来起草的中央关于北上事宜致香港分局电报

潘汉年是中共党内具有传奇色彩的职业革命家，长期战斗在隐蔽战线、统一战线和文化战线的前沿，具有丰富的斗争经验和卓越的组织能力，曾被中共中央评价为"有大功于党的统一战线事业"。组织民主人士从香港北上，应为其"大功"之一。夏衍在《纪念潘汉年同志》中对组织李济深这一批民主人士北上有一个详细的回顾：

特别是一张小报透露了李济深先生即将北上的消息之后，形势就格外紧张了……尽管李先生那时已下定了决心，用闭门谢客的形式来麻痹他们，但是李先生如何才能出走，倒真的成了汉年同志伤脑筋的问题。他办事稳，抓得细。租哪一家公司的船？船长、大副、二副对我们的态度如何？这一条船上有哪些人同行？有几个人认识李任公？人们带的行李有多少，万一要检查时会出什么问题？等等，他都缜密地考虑。在他确定了最保险的方案之后，再商定实际陪李先生出门、住旅馆、搬行李，乃至保卫、放风，随时向他报告消息的人选。他、饶彰风和我三个人在一家旅馆守着一架电话机听消息，直到听到"船开了，货放在大副房间里，英姑娘没有来送行"这个谜语一般的电话，才松了一口气。计划完全成功，李先生走了三天之后，报上才见消息，而这时他已经过了台湾海峡了。

夏衍所回忆的，只是李济深北上这一个场景，但也反映了当时的真实状况。8月30日，周恩来获知香港分局的首批接送工作已准备就绪，遂与任弼时、李维汉联名致电钱之光，提醒"须注意绝对保密"。当时情况复杂，要做到"绝对保密"不是一件容易的事。到达香港组建华润公司并任董事长的钱之光回忆道：

> 我们每次护送民主人士，特别是一些引人注目的知名人士上船，事先都做了比较周密的安排。要求负责联系的同志，机智灵活，特别要注意密探的跟踪。对于上船要经过的路线，事先也做了调查了解，熟悉经过地段的情况，还事先约好，从哪条路走，要经过哪些街道；什么人去接，遇上情况如何对付等等。由于民主人士社交活动多，认识的人也多，为了避免遇到熟人，每次都是安排在黄昏以后上船的。

9月7日，周恩来得到消息，冯玉祥乘苏联客轮由美归国途中在黑海不幸遇难。这件事给即将起程的北上行动不能不说还是带来了一丝阴影。周恩来立即致电潘汉年并香港分局：民主人士乘轮北上事，望慎重处理。

"第一，如该轮确无船行保证，以不乘该轮为妥"；"第二，如该轮有保证，而民主人士表示有顾虑，亦可不乘该轮"；"第三，如该轮有保证，而民主人士也愿意北上，亦不宜乘一轮，应改为分批前来，此次愈少愈好"。

民主人士尚未出行，周恩来就早早谋划接待事宜，包括到岸后的报道、宴请、席位、着装等，做了方方面面的安排。在大连负责接待工作的刘昂晚年写了一篇《一项重要的历史使命》。她回忆说：

> 第三批北上民主人士最多，有李济深、茅盾夫妇、朱蕴山、章乃器、彭泽民、邓初民、王绍鏊、马寅初、洪深、翦伯赞、施复亮、梅龚彬、孙起孟、吴茂荪、李民欣等。周恩来同志对这次行动的指示更加具体、周密，电示我和冯铉，这批民主人士北上，要与苏联驻大连的有关部门交涉，安排最好的旅馆、确保安全；要举行宴会；请大连地委协助做好接待工作。连宴会的席位、座次都有明确的交代，还要我们为北上的民主人士准备好御寒的皮大衣、皮帽子、皮靴。从这其中，我们看到了中国共产党对各民主党派的真诚和关怀，也看到了周恩来同志严肃认真、一丝不苟的工作作风。

在中共中央正确领导和周恩来直接指挥下，从 1948 年 9 月至 1949 年 9 月，香港分局先后组织 20 多批 1000 多位社会各界人士北上，其中民主人士 350 多位；中央统战部和华北局还组织了 20 多位在国统区的民主人士到李家庄。民主人士到达解放区，意味着协商筹备新政协、建立新中国的行动已进入实施阶段。

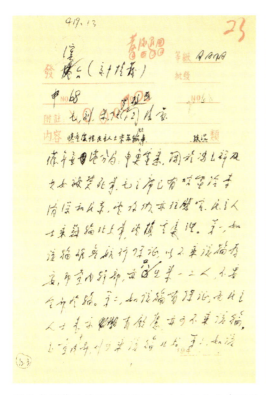

周恩来起草的关于慎重处理民主人士北上事宜的电报

从香港秘密北上

香港是大多数民主人士北上的起点，登陆地则根据实际情况和形势变化，先后有朝鲜罗津及我国丹东（时称安东）、大连、烟台、天津等处。从香港北上者，有在密探监视下金蝉脱壳的，有遇到海上风暴九死一生的，有面对敌机侦察灵活处置的，有与亲人生离死别依依不舍的，有向着光明义无反顾的……

第一批"吃螃蟹"者

沈钧儒、章伯钧、谭平山、蔡廷锴一行，是勇敢的"吃螃蟹"者，冒着风险第一批北上。

沈钧儒是民盟主要领导人之一，震惊中外的"七君子事件"的主要人物；章伯钧担任农工党的主要领导人，也是民盟常委，与沈钧儒一道在香港主持召开了民盟一届三中全会；谭平山曾参与领导"五四运动"，与

上图依次为沈钧儒、章伯钧、谭平山、蔡廷锴

李济深、何香凝等发起组织民革；蔡廷锴曾任国民党第十九路军军长，参加李济深发动的"福建事变"，是民促的主要创建者。这几位具有较大影响力的民主党派领导人出行能否顺利，直接关系到北上计划的实施。

1948年9月12日晚，沈钧儒等人化装登上苏联"波尔塔瓦"号货轮。沈钧儒、谭平山当时已是六七十岁的老人，且平时蓄有长须，很难隐藏，只能扮作老太爷；章伯钧打扮成一个大老板，身穿长袍，头戴瓜皮帽；蔡廷锴则穿着褐色薯莨绸，足蹬旧布鞋，俨然一个商业运货员。9月13日，货轮从香港起航，一路向北。最初几天风平浪静，航行顺利。9月16日，行至台湾海峡附近时，遭遇了强台风。据蔡廷锴在日记里描述：

> 海中无边，所见均属白头大浪，汹涌而来……午后风浪猛于虎将。船吹近澎湖岛，距半米就岩石岸。

这是一个极其危急的时刻，一旦货船触岩，后果难以设想。苏联船主立即动员全船工友投入抢险。到了凌晨，风浪退去，海面恢复了平静。他们在海上航行15天，9月27日抵达朝鲜罗津。东北局负责人李富春专程前去迎接。当晚，民主人士一行乘火车离开罗津，去往哈尔滨。

郭沫若一行险入"虎口"

郭沫若是无党派民主人士的代表人物。与他一起北上的有民进领导人马叙伦，以及沈志远、丘哲、陈其尤、侯外庐、翦伯赞、冯裕芳、曹孟君、许宝驹、宦乡、韩练成、许广平及其子周海婴等。在人数上，这批有明显增加。

1948年11月23日，他们乘坐挂挪威船旗的"华中轮"，起航远行。华中轮航行至台湾海峡时，也遭遇了强台风。好在船长富有经验，沉着指挥，有惊无险地闯过了这一关。事后，周海婴听船长说，其实最危险的还不是风浪：

> 他说如果那晚的风力再增强一级，这船必须靠岸躲避，硬顶是绝对顶不住的。而这时我们的船正行驶在台湾岛的边缘，即是说只能靠拢到"虎口"上去。幸而半夜过后，台风转移，风浪逐渐减弱，

船才得以恢复正常航行，否则结局会怎样，谁也难以预测。

第二批北上民主人士登陆后合影

此类不可预知也无法防范的风险，正是北上秘密行动最大的隐患。

华中轮的乘客不乏能诗者。海上长途旅行，写诗唱和，大概是最适宜的打发时间的方式。郭沫若一路留下几十首诗作。在他的提议下，华中轮上还办起一个《波浪壁报》。马叙伦、丘哲等也不甘落后，频频唱和，构成了这趟旅程中的一道景致。周海婴从香港出发时买了一台照相机，为这趟秘密出行留下了珍贵的资料。

12月3日，第二批北上的民主人士在丹东（时称安东）大东沟附近抛锚。由于解放战争进展神速，不必去哈尔滨了，而是直接前往解放不久的沈阳。

李济深"金蝉脱壳"

李济深是国共两党都在争取的人物。他也是中共中央邀请名单中"重中之重"者。如此重要的人物在前两批出行时，没有启程，大概有几个原因：一是他还在犹豫。他曾在1927年大革命失败后追随蒋介石参与"清党"。这是一段无法直面的历史。二是国民党当局千方百计地阻挠、拉拢。宋子文出任广东省主席后，曾到香港会晤李济深，建议李济深组织"和平民主大同盟"，以期在广州建立新的政府；白崇禧也曾派人携亲笔信到香港，"敦请任公到武汉主持大计"。三是他家庭困难。妻子有病，儿子被蒋介石软禁。一旦成行，也许就是生死永别。但由于李济深在香港连续接受华商报、路透社、合众社等媒体记者的采访，一再抨击蒋介石的独裁政策，这使蒋介石恼羞成怒，不但宣布开除李济深的国民党党籍，甚至打算派特务在香港暗杀他。中共香港分局和民革内部的何香凝、梅龚彬、陈此生等人，都动员李济深早日离港。

对李济深这样的头面人物，作出北上决定不易。一旦他答应北上后，如何安全地护送他离港，更是伤脑筋的难题。李济深时居香港中环半山区的罗便臣道92号，港英政府政治部的华人帮办黄翠微在马路对面租了一层楼房，派多名特工守在那里，24小时轮流值班，名为"保护"，实则严密监视。潘汉年根据李家情况，经过反复研究，为李济深设计了一个利用圣诞节"金蝉脱壳"的出走计划。参与执行这项计划的杨奇回忆说：

> 1948年圣诞节，香港一连放假三天。12月26日，香港太平山仍然沉浸在节日的欢乐气氛之中，李济深的寓所灯火通明，热闹异常，像平时宴客一样，宾主谈笑甚欢。李济深身穿一件小夹袄，外衣则挂在墙角的衣架上。这一切，对门那几个持望远镜的特工看得一清二楚，也就安心享用自己的晚餐了。他们没有想到：晚宴开始不久，李济深却离席到洗手间去，随即悄悄出了家门。在距离寓所20米远的地方，我借用《华商报》董事长邓文钊的小轿车刚好依照约定时间到来。李济深迅速上了车，直奔坚尼地道126号被称为"红屋"的邓文钊寓所。方方、潘汉年、饶彰风等早已在此等候，同船北上的"民革"要员朱蕴山、吴茂荪、梅龚彬、李民欣也已到达。何香凝老人和陈此生亦来送行。这时，晚宴才真正开始，大家纵情谈论国事。

> 经过周密安排，为了掩人耳目，当晚他们还带了酒菜，装着泛舟游览的样子，乘着小船在水面上游弋于外轮之间，一个多小时后

才靠拢要上的苏联货船。上船后，李济深看到船上的熟人很多，有点惊异，五人小组特地把他和朱蕴山、李民欣安排在船长室，让他们不露面，以避免海关检查。这一次走的人，有的西服革履，扮成经理模样；有的则是长袍马褂或普通衣着，装成商人，当作坐船到东北做生意的，所以口袋里还装一套货单。大家并事先准备了一套话，以便应付检查。

此行民主人士集体签名留念

李济深题写的"新年献词"

12月27日一早，苏联"阿尔丹"号货轮载着李济深一行终于离开香港。同船出行的，还有茅盾、彭泽民、施复亮、洪深等人。

1949年元旦，李济深应茅盾请求，在他的那本手册上写下一段新年献词：同舟共济。一心一意。为了一件大事。一件为着参与共同建立一个独立、民主、和平、统一、康乐的新中国的大事。同舟共济。恭喜恭喜。一心一意。来做一件大事。前进！前进！努力！

努力！

经过 12 天的航行，"阿尔丹"号货轮于 1 月 7 日抵达大连港。东北局负责人李富春、张闻天，民革代表朱学范等到码头迎接。李济深的北上，标志着以他为代表的国民党民主派，从此与蒋介石分道扬镳，彻底决裂。

"前途真喜向光明"

1949 年年初，平津战役结束后，新政协召开的地点越来越指向刚刚解放的北平。尽管天津已经解放，但天津港在战事中遭受了严重破坏，设施被毁，航道也布满了水雷。同时，扼守进出渤海的长山列岛要塞仍然控制在国民党军队手中。国民党舰队牢牢控制着渤海、黄海附近的制海权。作为进出北平最便捷的天津港，来往船只的动向被国民党严密监视、封锁。从香港直航天津，危险很大。1948 年 10 月第二次解放的烟台，为从海上进入解放区提供了条件。中共党组织随即开辟了一条从香港到烟台，登陆后经山东交通线前往华北解放区的新路线。史称"知北游"的一批民主人士沿这条路线起航了。北上批次中，"知北游"留下的故事最多。

1949 年 2 月 28 日，香港的气温在 24 摄氏度上下，暖洋洋的。当天中午，"华中轮"再次出发。这批乘客，男女老幼共 27 人。著名作家叶圣陶享有"知北游"的冠名权。他在开船第二天的晚会上出了个谜语，谜面为"我们一批人乘此轮赶路"，打《庄子》一篇名。宋云彬猜中谜底，是为"知北游"。叶圣陶当天在日记中写道："'知'，盖知识分子之简称也。"

顾名思义，这批北上者多为知识分子。最年长者陈叔通，是著名工商界人士。"五一口号"发布后，中共地下党组织邀请陈叔通到解放区参加新政协，他欣然接受。有人劝他："你已年过古稀，向不做官，现在何必冒险远行呢？"陈叔通答："七十三前不计年，生命今日才开始。"同行者柳亚子，著名的爱国诗人和国民党左派，"民革"创建者之一。此外还有叶圣陶、郑振铎、王芸生、马寅初、宋云彬、徐铸成、曹禺等，多为

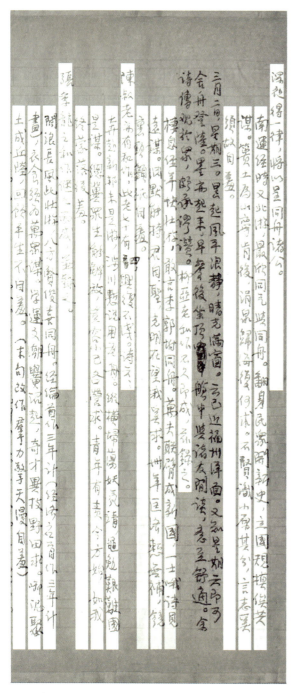

《叶圣陶日记》记录的北上所作七律以及张志让、陈叔通和诗

文人雅士。如此一群人相聚在一条船里，连续数日行驶在茫茫大海上，不热闹都不行。

开船后，喝酒、搓麻、下棋、打扑克、赋诗、拍照、开晚会，各种"忙活"都在第一时间启动。一路上，自然引发诗作唱和潮。柳亚子不愧南社先驱，连篇赋诗，尤以开船当天所作最能代表他及同舟人士的心境："六十三龄万里程，前途真喜向光明。乘风破浪平生意，席卷南滇下北滇。"

从开船的第二天起，华中轮上每天开一场晚会。柳亚子3月2日日记这样描述晚会情景：

> 黄昏开晚会，陈叔老（陈叔通）讲古，述民元议和秘史、英帝国主义者代表朱尔典操纵甚烈，闻所未闻也。邓女士唱民歌及昆曲，郑小姐和包小姐唱西洋歌。云彬、圣陶唱昆曲。徐铸成讲豆皮笑话，有趣之至。王芸生讲宋子文，完全洋奴态度，荒唐不成体统了。

值得一提的是，在 3 月 2 日的晚会上，华中轮的所有乘客合唱了一首歌曲——《义勇军进行曲》。他们大概没想到，这首歌曲半年后被人民政协第一届全体会议确定为代国歌。

徐铸成是报人，离港前任香港《文汇报》总主笔，喜与名家交游。他晚年回忆说：

> 华中轮驶至东海及黄海南部时，风浪平静，天朗气清。我常在甲板上找叔老、亚老（柳亚子）、包达老（包达三）等谈往，叔老年事最高（当时七十四岁，我今年已过八十有一，超过叔老当年了），而极健谈，他絮絮谈青年时坐大车（铁路未修）入京，及晋京后拜客故事。达老则详谈他早年与蒋介石先生交往详情。亚老大都谈南社创立及初期过程。有时，我也找马寅老（马寅初）谈天，他说起他幼年多病，后长期坚持爬山及冷水浴。并说，他家乡嵊县多匪，因此，在上海住旅舍，履历总填绍兴。这些有历史资料的宝贵琐闻，都已分记于拙著《旧闻杂忆》正、续、补三编中。

由于此时东北、山东大片地区已经解放。这一行人 3 月 5 日从烟台登岸，踏上了解放区的热土。他们呼吸着新鲜的空气，感受到地方党政领导和乡亲们的拳拳盛意，经潍坊、青州、济南、德州，穿越山东解放区，于 3 月 18 日从天津抵达北上的最终目的地——北平。

二十几天的海陆兼程，对这一批文化人来说，除了旅途风险，一路的舟车劳顿自是免不了的。叶圣陶到北平后有友人来访。他在日记中提了一笔："共谓我人经历艰险，而今犹得在此饮白酒吃花生米，未尝不可慰。"40 多年后，他为即将出版的《北上日记》写了一文"小记"，可谓对此行进行了总结：

> 从香港北上的二十七人中……大多数年过半百，可是兴奋的心情却还像青年。因为大家看得清楚，中国即将出现一个崭新的局面，并且认为这一回航海决非寻常的旅行，而是去参加一项极其伟大的工作。

黄炎培先南下再北上

黄炎培是民盟第一任主席、中华职教社和民主建国会的创建者，也是一位活跃的民主人士和社会活动家。这位当年延安"窑洞对"的主角在香港的民主人士纷纷响应中共"五一口号"北上解放区时，仍按兵不动，甚至于1948年夏秋间在上海购买并迁入常熟路116弄7号——一所250平方米的别墅住宅，好像没有离开上海的打算。其实，黄炎培已被特务暗中盯上了。张治中曾派人告诉黄炎培，黑名单中的第一人就是他。尽管他诗中感慨"七十吾生始有家"，也不得不斟酌再三，以七旬高龄，迈出人生重要而关键的一步：秘密离开上海，经香港前往解放区。

黄炎培离开上海，也是用"金蝉脱壳"的方式。他在自己的回忆录——《八十年来》里记述了这个过程：

> 1949年2月14日，我与爱人姚维钧乘汽车出弄，扬言赴永安公司购物，特务尾追，我们自公司前门入，后门出，坐上王艮仲预留的汽车到吴淞口，由中共同志陪同，搭特备轮船去香港。为了遮掩特务耳目，家中还大宴宾客三天。到第三天，报载黄某离开上海了。

2月19日上午，黄炎培抵达香港。在中共组织安排下，他在香港逗留数日。3月14日晚，黄炎培一行与前几批民主人士一样，化装后分头出行，乘小艇登船北上。从黄炎培日记看，他在船上的生活并不枯燥，继续编著他的《不息的灯》。这时，天津港已经通航，不必再绕道山东了。经过十日行程，他们一行于3月23日在天津第二码头登陆，受到时任天津市市长黄敬的热情接待。3月25日，黄炎培抵达北平。

除上述批次之外，还有一些民主人士和各界代表，如何香凝、谢雪红、李章达、李达、章士钊、李任仁、黄绍竑、刘斐等，陆续从香港北上。一批批北上者，如涓泉归海，汇入筹备新政协的洪流之中，充分体现了中国共产党"得人心者得天下"的历史规律。

从香港北上，不仅仅是一段一般意义上的旅程，对新政权建立和新中国建设来说，意义非凡。中国人民政治协商会议第一届全体会议662位代表中，至少177位是从香港北上的；选举产生的第一届全国政协五位副主席中，李济深、沈钧儒、郭沫若、陈叔通这四位民主人士皆是从香港北上的。

秘赴华北解放区

　　李家庄是太行山区的一个小村庄，坐落在滹沱河北岸、郭苏河东岸，离中共中央所在地西柏坡5华里。这是中共中央统战部驻地，也是来自北平、天津等国统区的民主人士到华北解放区的目的地。

　　华北解放区是1948年5月由晋察冀和晋冀鲁豫两解放区合并而成的。从平津地区前往晋察冀解放区，在"五一口号"发布前，已经开辟一条秘密交通线，主要运送学生到北方大学学习或工作。这条北平—天津—闸口—泊镇（今沧州泊头市）的交通线，起点是北平，终点是华北局城工部所在地泊镇。从北平到天津，一般情况下坐火车。从天津到解放区，都要过敌人封锁线，当地称"卡子"。大致有几种走法：一是乘火车。火车若能通到唐官屯站或沧州站，可从天津乘几站火车下车，出站不远即过"卡子"，进入解放区辖地。二是乘大车。在天津市郊有车马行，可以雇大车经封锁线，直达泊镇。三是步行。从津郊步行到闸口。这是"阴阳界"，过了闸口就是解放区。不过，步行得走一天多。累是累点，但比较机动、安全。护送民主人士去华北解放区时，这条地下交通线便派上了大用场。吴晗、楚图南、周建人、符定一等民主人士都是走这条交通线，穿过敌人封锁线，进入解放区的。

　　天津是秘密到达解放区的第一中转站。民主人士从天津去解放区，不能照搬香港北上模式，动辄十几人、几十人。华北局安排中共天津地下党组织一般采取分散护送方式，一次只接送一两位民主人士或一个家庭。如果乘火车，一般由两人护送，一人正面陪护；另一人暗中随行，一旦发生紧急情况即可脱身，第一时间向组织报告。民主人士起程前，由地下党组织为他们制作假身份证，按买卖人的装束置办衣服，交代清楚暗语暗号及接头方式。时任中共天津地下党学委委员兼南开大学总支书记刘焱，保存下来一本《南开地下党记事本》，其中记录了当时天津地下

刘焱记录从天津护送民主人士至解放区的袖珍笔记本

党为护送各界人士到解放区的巧妙方法。

《天津日报》曾报道过这个记事本的故事：

1947 年，经南方局决定，在南开大学建立了地下交通站，由在数学系任助教的地下党员胡国定负责，掩护并输送地下党员、中国民主青年联盟成员（简称"民青"）和进步群众到解放区去，为此，制定了一整套严密的办法。刘焱当时在记事本上记下了一首实为地下党联络暗语的七言打油诗："高棠李爱何时了，清河骡马街头找。小楼昨夜又东风，故园花落知多少。"护送人员去解放区，必须要事先充分做好化装、伪造身份、编造说辞等准备工作，然后到天津南市清河大街上的骡马大车店，雇从天津到泊镇的大车，到目的地后找中国建设公司经理高棠接头（高棠即荣高棠，当时的公开身份是中国建设公司经理），说是"李爱"介绍来的。除此之外，还要给每个去解放区的人编排一个由百家姓和天干地支组成的特殊接头暗语，比如一月份去的人叫"赵子甲"，二月份去的人叫"钱丑乙"，以此类推。在掌握暗语的同时，去解放区的人还要领到一张"路条"，这些路条是国民党银行发行的小额钞票，由胡国定统一保管和发放，解放区的同志掌握这些钞票的号码以便接头时核对。

清华大学教授吴晗是民盟北平支部负责人。他由于从事进步活动被国

民党盯上了。1948年秋，他原计划从北平坐飞机到上海，再从上海到香港，然后北上解放区。但这个计划无法进行下去了。吴晗回忆说：

> 不料刚到上海，当天报纸消息说香港买飞机票要相片，并须经官方批准。这条路被堵死了，想种种办法，等了个把月，得到北平消息，说已经安排好了，又飞回北平，立刻坐车到天津，袁震已在天津等我。

护送吴晗及其夫人袁震到华北解放区的任务，由北平学委的池重负责。池重是一个富有经验的老交通员。他对吴晗夫妇起程前的准备，也有一段回忆：

> 第二天我来到吴的住处。吴晗说，有两件东西必须带去，一是他的近视镜，他说一时也离不开眼镜，没有它就不能工作；二是一张极薄的小纸片，上面密密麻麻地写满了字，字迹极细、极小，不知是用什么笔写的。他说这是他们在上海开会的决议摘要，是要向党中央转达的。

按照惯例，从天津到解放区去，贵重物品都由交通站从水路转送。从吴晗处出来，池重反复考虑，既然眼镜和文件如此重要，由交通站通过运河转运物资时带去，不确定因素太多，只有随身携带才最安全。池重很快想了一个妥善方法：向其他同志要了一个不透明的旧雪花膏瓶子，把擦手油先装进一些，再把吴晗的眼镜片拆下，塞在擦手油瓶内，上面又敷上一层擦手油。眼镜架就留下了。另取两个火柴盒，改糊成一个双层底的盒芯。把那小纸片夹在两层底的中间，然后装上半盒火柴，连同半包劣质香烟带在身上。

护送吴晗到解放区，可能是池重"交通"生涯一次非常重要的经历。40多年后，他专门写了《护送吴晗同志去解放区》的文章，留下了大量细节：几天前，池重与吴晗夫妇见面时，还是西装革履，一副阔少的模样；出发当天已是中式短打扮，拎了个布口袋。这装束把吴晗夫妇吓了一跳。其实吴晗夫妇也已"面目全非"：身着中式短衣，摘了眼镜，一人背着一个大草帽。他们是一早上的火车，中午到达唐官屯，出站不远就是国民党军队设的卡口，也是他们必过的一关。池重的回忆很翔实：

> 人们被蒋军官兵驱赶着排成了几个长队，等待搜身盘查。前面不时传来打骂旅客的声音。我见来势不善，为防止被掠索干净，赶忙把布袋里的钱散装到衣袋等几个地方，并打开包袱特意把两张钞票摆在衣服上面，然后再重新包扎好。吴晗也照样做了。我们排在队中一步一步向前方移动。当轮到查我时，没等他搜身，我赶忙抢先把包袱打开，亮出了事先摆好的钞票。只见这位"国军"习惯而熟练地迅速把钞票塞进他的衣袋，随即打了个手势，放我过来了。我后面是吴晗的夫人，她没有携带东西，也没有带钱。我赶忙向那位"国军"说："我们是一起的。"那"国军"见她确是分文无有，无可奈何地只好放她过来了。后面的吴晗因已做好准备，照方抓药，也是破费了两张钞票，换得个顺利过关。

从唐官屯到泊镇，需雇大车走两三天。在这两三天里，吴晗夫妇目睹了蒋管区的混乱和兵匪横行，也体验了解放区的文明和秩序井然。两相对照，其感受可想而知。

楚图南是民盟云南支部的负责人。1948年秋，中共地下党辛毓庄安排他从上海乘船由海路去天津。他经过一番周折，终于买到船票，和他在昆明教书时的学生侯大乾结伴同行。一到天津，便经历了戏剧性的场面：

> 几天后船到了天津，时逢夜晚，港口码头上探照灯照得雪亮。荷枪实弹的国民党警宪林立，如临大敌，对下船乘客及携带物品逐一搜身检查。我悄声告诉侯大乾，由他照料我的衣物行李，我好设法混进旅客的人群溜出去。就在此紧要时刻，辛毓庄同志已在码头上的栅外等候。他看见我，即一把抓着我的手，将我推进停在附近的一辆小汽车。开车的是一位身穿国民党军官制服名叫周匡的同志，不通过检查立即将我们一直送到他的家里。辛毓庄同志和他商量后作了简单的安顿，并告诉我不要出去，不要和外人接触，在房间里

休息，一切听候他的安排……这时，我才知道周匡同志是城工部派在傅作义部队做地下工作。

楚图南到了天津，再去华北解放区，由刘焱负责安排。2017年夏天，92岁高龄的刘焱老人在接受笔者采访时仍能完整、清晰地讲述70年前的往事：

> 经过几天准备，我找南系另一支部委员、专门负责做证件的林起，帮助楚图南、王冶秋做了两个假国民身份证，交通站帮助二人化装成商人，然后在孙大中护送下赴冀中解放区。大约一个星期后，孙大中返回说他们已安全到达。

刘清扬是周恩来的入党介绍人。她和女儿张立丽是由交通员王守惇护送到解放区的。1948年10月初，王守惇在成为中共正式党员的当天，接受了这个任务。王守惇晚年回忆说：他按照上级指示，搞到三张假身份证和两张三民主义青年团团员证，然后到《新晚报》宿舍与借宿于此的刘清扬母女见面：

> 我们接对暗号后，我把如何装扮出城做了说明，又把各人所扮角色进行示范。当时，我们装扮成婆婆和儿子、儿媳回沧州老家探亲。我和大我两岁的张立丽假扮夫妻，穿着入时，手提几样点心，从西站上了火车。

鲁迅先生的弟弟周建人，是民建的创始人之一。不同于其他人，周建人是一家四口一起去的解放区。1991年出版的《周建人评传》根据他夫人王蕴如和女儿的回忆，作了如下记述：

> 1948年10月15日（阴历九月十三日）清晨，周建人偕夫人王蕴如及女儿周瑾、周蕖四人，收拾了一点简单的行李，悄悄地离开了四明村38号，雇了一辆车到码头，乘船离开了上海。他们在船上经过五个昼夜的颠簸，终于到达了天津。中途未停靠任何码头，一路上也比较顺利，没有遇到特别麻烦的事情。当时，与周建人一家同行的，还有艾寒松及其妻子……

周建人和艾寒松一行到天津后，并没有人前来接应。于是，先按照艾寒松所带的地址，在天津找寻可以带他们去解放区的人。到了那户人家，不料那位同志已经离开天津，无法接头联系……由艾寒松写信给上海党组织，告诉路上的情况。周、艾两家在天津大约住了两三周以后，上海党组织派来了一位姓李的同志，决定送两家进入解放区。这位李同志是原来在天津准备送两家进入解放区的那个交通员的弟弟，是个国民党的小军官，在南京工作。上海党组织是特地派他到天津护送周、艾两家进解放区的。

上述几例个案，大体描绘了民主人士秘密奔赴华北解放区的一幕幕。虽然各自境遇不同，但都要穿过敌人封锁线，直面危险。他们到达解放区后，自然是另外一番天地，先由华北局城工部负责护送到石家庄，再由中央统战部交际处接到李家庄。

去李家庄的民主人士也有例外，不用经历各色危险。张东荪、费孝通、雷洁琼和严景耀等四位燕京大学、清华大学的教授，在1949年1月下旬前往李家庄时，时局已发生了变化，沿途解放了，北平也即将和平解放。他们在八名解放军战士护送下，乘坐大卡车直奔石家庄。对这段旅程，雷洁琼回忆道："沿途看到农民运粮支援前线，像一条长龙，甚为壮观。车上的解放军战士，向我们讲了许多解放区人民的生活情况和军民一起打美蒋的故事，一路说说笑笑，忘却了旅途的疲劳。"社会学家费孝通的描述，则更富文学味道，也抒发了他内心难以抑制的兴奋：

卡车在不平的公路上驶去，和我们同一方向，远远近近，进行着的是一个个、一丛丛、一行行，绵延不断的队伍。迎面而来的是一车车老乡们赶着的粮队，车上插了一面红旗，没有枪兵押着，深夜点了灯笼还在前进，远远望去是一行红星——这印象打动了我。什么印象呢？简单地说：内在自发的一致性。这成千上万的人，无数的动作，交织配合成了一个铁流，一股无比的力量。什么东西把他们交织配合的呢？是从每一个人心头发出的一致目标——革命。

1948 年的李家庄

也有一些民主人士没有走这条地下交通线，通过其他途径到达华北解放区。例如，著名报人胡愈之先从香港坐船到韩国仁川，转赴大连，再跨海经胶东半岛辗转到达李家庄；上海人民团体代表葛志成则从上海走陆路北上，穿过国统区的封锁线经苏北、山东青州、石家庄到达李家庄；自由职业者何惧也是先从上海北上，穿过国统区到达天津，后经李烛尘联系中共地下组织派人护送至解放区。

李家庄是山村，本来就不大。自 1948 年下半年起，20 多位民主人士陆续到达。因他们是中央统战部的客人，当地称之为"特客"，即特殊的客人。民主人士的到来，让这里变得热闹起来。时任统战部副秘书长童小鹏形容为"沸腾的李家庄"。

本来中共中央城工部迁来后，住进一二百人，住宿情况已相当紧张。民主人士到来后，住宿问题便成为中央统战部当务之急的大事。统战部除腾出部分较好的民房外，还利用村里的空地或旧房基地，盖了一批新房子。李家庄的"特客"有携带子女的，有夫妇同行的，也有独自一人的。他们在李家庄都不开伙，一律吃食堂，实行供给制。尽管条件不如大城市，但这些民主人士在这里讨论和筹备新政协，参加各种政治活动和联欢活动，与从西柏坡来的中共中央领导人见面，或到西柏坡拜访中共中央领导人……这是他们度过的一段最为难忘的时光。

无党派民主人士符定一是毛泽东的老师。毛泽东和符定一的交谊自然与其他人不同。1948 年 11 月，符定一到达华北解放区时，毛泽东、周恩来、任弼时等中共中央领导人直接把他接到西柏坡，连夜听取他对解放北平的意见。符定一力陈武攻天津、文取北平的主张。后来，毛泽东又两次专程去李家庄探望符定一。当毛泽东接到北平和平解放协议已经签订的电报后，不顾连续几天没有很好睡过觉的疲劳，立马赶到李家庄向符定一报喜。符定一的儿子符立达后来有段回忆：

> 毛主席见了父亲，亲切地握着手，说："好久没有见到你老人家了。今天一方面来看你，一方面向你报告一个好消息，傅作义已经赞成我们的条件，北平和平解放了。"父亲说："这可是大家的希望，这都是毛主席胸怀广阔和共产党的英明使然，否则，北平怎能和平解放？"毛主席笑着说："这是民主起了决定作用，广集群言，也包括你老人家的意见。"

毛泽东是熟读史书的中共领导人。作为历史学家，吴晗前往解放区时，随身带着刚刚完稿的《朱元璋传》。1948年11月，毛泽东在西柏坡两次约见吴晗，纵论时局与明史。吴晗后来在自传中说："毛主席找我谈了两次话，初步知道了工农联盟人民民主专政的意义。"吴晗在另一篇文章中回忆：

> 毛主席在万分繁忙的工作中，看了我的《朱元璋传》的原稿，特别约谈了一个晚上，除掉指出书中许多不正确的观点以外，特别指出彭和尚这一条，给了我极深刻的阶级教育，挖出我思想中的毒瘤，建立了我为人民服务的观点。

张东荪作为民盟的主要领导人，是人民解放军和傅作义北平和谈的见证者。1949年1月，他与费孝通、雷

毛泽东致吴晗（字辰伯）的信

在李家庄的部分民主人士与中央统战部部分工作人员合影

洁琼、严景耀一道到解放区后，即与毛泽东见面，互赠著述，并进行了深入交流。据张东荪后来对家人说，当时他出发去石家庄时神情非常兴奋，想向毛泽东和中共阐明自己关于即将成立的联合政府内外方针问题的意见。张东荪所要陈述的，当然是他"新型民主"的主张。在会谈过程中，毛泽东与张东荪在召开新政协、建立联合政府、进行新民主主义经济建设等重大内政方针上是一致的。然而，在讨论新中国的外交方针时，两人产生了巨大分歧。张东荪不同意新中国实行"一边倒"的外交方针，主张应该走"中间路线"，不亲近美国也不亲近苏联，或者可以比较亲近苏联，但也要与美国建立良好关系，不能反美。毛泽东认为很多知识分子都存在着严重的"亲美""恐美"思想，张东荪不同意"一边倒"向苏联，就是这种思想的反映。双方各执己见，谈话的气氛一度非常紧张。毛泽东对张东荪的"中间路线"主张和"亲美"思想进行了委婉的批评，希望民主党派站在人民大众的立场同中国共产党采取一致的步调，真诚合作，不要半途拆伙，更不要建立反对派和走中间路线。

毛泽东的这次会见，给雷洁琼留下了深刻印象。雷洁琼在《一次难忘的幸福会见》中说：

这一席长谈，从晚饭后直到深夜才结束，我们第一次听到毛泽东同志的亲切教导，都非常兴奋，感到这是受到一次毕生难忘的马克思主义思想教育。

周恩来作为分管统一战线工作的中共中央领导人，与民主人士有更普遍的交往。他经常到李家庄看望民主人士，介绍中国共产党的政策，并委托统战部召开学习座谈会，协商讨论新政协筹备工作。1949 年 1 月 16 日晚上，周恩来专程到李家庄作形势报告并座谈。这次座谈会内容之广泛、问题之深入，给与会者留下难忘的记忆。

周恩来分析了解放战争的形势发展和军事力量对比，并对战争进程作了预测。他重点谈了新政协的地点和安全问题、人民政府的组织问题、对待战犯和官僚资本问题、关于外交及文化思想问题等。周恩来在李家庄所作的报告也引发了一些互动和讨论。李青时为中共中央统战部工作人员，记录了这次报告座谈会的情况。他回忆说：

> 周恩来发言告一段落后，会议转入讨论。何惧说：我有个生意人的想法，万一蒋下台，换了别人谈判，若提出不要惩办战犯、不要没收财产，在这种情况下怎么办？周恩来反问：若不没收官僚资本你愿意不？何答：我当然不愿意。周恩来说：战犯将功折罪，还勉强可以。不没收官僚资本就通不过。八条中废除伪法统，决不是修改法统。在废宪、土改、联合政府、废除卖国条约等八条中，只有战犯的惩办轻重、人数多少有伸缩余地，如果本人将功折罪处罚就轻些，这取决于他们自己。田汉说：在国际法上，美国可以收容这些战犯，并可以为之保留资产，我们是否将他们作为政治犯处理？政治犯与今天的战犯有何不同？胡愈之说，战犯问题，可在对外新闻公告中表示："若不愿作中国之友邦，可以自由容纳，要作中国友邦，就不许容纳。"德国垮台后，就有此通告。周恩来说：昨天到新华社谈到这问题。现在我们的家产大了，美、英、法将来必有求于我们……

民主人士多来自国统区，可谓"另一个世界"。他们对中国共产党的政策和解放区情况需要有一个认识过程。这些报告会和座谈交流，对民主人士提高认识、厚植共同思想基础发挥了积极作用。

张澜虎口脱险

张澜是著名的爱国民主人士，民盟主要创始人。抗战胜利后，在重庆谈判、政治协商会议等政治活动中，他与中共密切合作，在重大原则问题上保持一致步调。

1947年11月民盟总部被迫解散后，民盟许多中央委员秘密前往香港。民盟主席张澜等人留在上海继续从事民主运动。1948年1月，民盟在香港召开三中全会，成立临时总部，宣布解散民盟的公告无效，公开声明与共产党合作，主张推翻国民党独裁政权。张澜、黄炎培、罗隆基等在上海的民盟主要负责人联名致信香港表示赞同，并多方筹集经费支持香港的民主活动。

1948年中共中央"五一口号"发布后，民盟香港总部于6月14日发表《致全国各民主党派各人民团体各报馆暨全国同胞书》，积极响应中共的号召。张澜在上海致电沈钧儒、章伯钧，对他们的行动"极感欣慰"，认为这是"国家当前自救的惟一途径"。

1949年初，蒋介石发表《新年文告》，演出一场"引退"闹剧。当李宗仁派人到上海就政治、军事问题听取张澜意见时，张澜尖锐指出，蒋介石想利用和谈保存旧法统，不仅中共不会同意，全国人民也不答应。他以民盟负责人的名义发表声明，拒绝国民党当局"策进和平运动"的邀请，表示"现在是革命与反革命之争，我们站在革命的一边"。

已是78岁高龄的张澜疾病缠身，生活窘迫。虹桥疗养院院长丁惠康得知后主动接他到疗养院养病，也借此躲避国民党当局纠缠。民盟的另一位重要成员罗隆基也住在该院治病。

此时，人民解放战争已取得了决定性胜利。蒋介石不甘心失败，亲自从奉化到上海督战。上海是全国的经济中心，也是国统区进步人士聚集地。蒋介石无法挽回败局，但也不能给共产党留下建设亟需的人才和物质力量。对社会名流，蒋介石下令若不去台湾，一律就地处决。名单中包括张澜等民主人士。上海解放前夕，国民

张澜（右一）、罗隆基在虹桥疗养院

党特务头子毛人凤接到暗杀张澜、罗隆基的命令。张澜和罗隆基身在虎穴，危在旦夕。

周恩来接到这一情报后，立即指示上海地下党组织务必全力予以保护和营救。中共上海情报系统负责人吴克坚，找到时任国民党中央监察委员的杨虎，请他帮助。杨虎早年曾和蒋介石一起追随孙中山参加革命，后来与蒋介石的矛盾日益加深。抗战期间，杨虎在重庆与周恩来有过多次交往。受周恩来的影响，他多次表示愿为革命效力。杨虎尽管没有实权，但他在上海植根多年，关系深厚。上海警备司令部稽查处警备第三大队副队长阎锦文是他的老部下，而虹桥疗养院正在阎锦文的管辖范围。杨虎遂安排阎锦文营救张澜和罗隆基。

5月9日，稽查处奉命开会，布置逮捕张澜和罗隆基。第二天，警备第三大队特务到了疗养院，将张澜和罗隆基的病房团团围住。阎锦文巧妙周旋，以张澜和罗隆基身体状况不好为由，建议暂时找一个有社会地位的人担保，原地监视。

疗养院副院长郑定竹追求进步，在给张澜和罗隆基治疗期间，朝夕相处，耳闻目睹他们忧国为民的情怀，非常敬佩，自愿以身家性命为他们具保。

为防止国民党特务狗急跳墙，下黑手实施暗杀，杨虎让阎锦文及早安排张澜和罗隆基脱险。5月14日晨，稽查处传达命令，要第三大队抓紧干掉张澜和罗隆基。此事非同小可。还在特务们犹豫采取何种方式下手时，解放上海的外围战事已经展开。

5月24日，上海全市戒严。阎锦文接到司令部移解张澜和罗隆基的行动命令。他立即驱车来到疗养院，到病房直接给张澜、罗隆基说明情况，再三解释，取得信任。阎锦文假戏真做，故意大声呵斥，吆喝着奉命移解，让张澜和罗隆基迅速行动。张澜、罗隆基将计就计，赶紧离开病房，坐进了阎锦文的汽车。

阎锦文身着国民党军官服装，并有当夜口令。他谎称随军撤退，走前安置好家人，这才有惊无险地将张澜、罗隆基护送到杨虎家里，与解放军便衣队会合。

黎明前夕，张澜和罗隆基得到营救，虎口脱险。上海解放的第二天，陈毅代表中共中央看望慰问张澜、罗隆基。当天，张澜和罗隆基、史良等人联名发表声明，庆贺上海解放，祝贺上海开始了新的历史。张澜致电毛泽东、朱德、周恩来、董必武，祝贺人民解放军光荣胜利，并表示"澜不久将与罗努生（罗隆基）兄来平聆教"。

6月1日，毛泽东等人联名复电张澜，表示："今后工作重在建设，亟盼告各方友好共同努力，先生及罗先生准备来平，极表欢迎。"

6月15日，张澜和罗隆基、史良一行乘火车离开上海。此时的北平，新政治协商会议筹备会已经成立，张澜缺席当选为筹备会常务委员。他们在南京、济南短暂参观后，于6月24日到达北平，受到中共中央和民主人士的热烈欢迎。

宋庆龄受邀到北平

宋庆龄在青年时代追随孙中山，献身革命。孙中山先生逝世后，宋庆龄坚决维护、忠实执行"联俄、联共、扶助农工"三大政策，同违反孙中山革命原则的势力进行不懈斗争。她始终坚定地站在进步立场，与中国共产党一起致力于革命事业，受到中国人民、海外华人华侨的景仰和爱戴，并在国内外享有盛誉。

宋庆龄是国民党左派的代表人物，民革成立后任中央名誉主席。抗战胜利后，宋庆龄一直生活在上海。1949 年初，人民解放战争取得了重大胜利，筹备新政协、建立新中国的各项工作如火如荼地开展。毛泽东、周恩来非常关心宋庆龄的安危，诚挚邀请她北上参加新政协。

鉴于宋庆龄所处的环境，毛泽东、周恩来通过地下电台给香港分局负责人方方、潘汉年和上海局负责人刘晓发了一份电报，请他们转交宋庆龄。周恩来再三叮嘱："要注意：第一必须要秘密，不能冒失；第二必须要孙夫人完全同意，不能稍涉勉强。如有危险，宁可不动。"

潘汉年、刘晓提出了一个非常稳妥的方案：先把宋庆龄接到香港，然后同何香凝一起北上。情报人员几经周折，将信送到宋庆龄手里。宋庆龄经过慎重考虑，于 2 月 20 日专门复函毛泽东、刘少奇、朱德、周恩来说："请接受我对你们极友善的来信之深厚的感谢。我非常抱歉，由于有炎症及血压高，正在诊治中，不克即时成行。""但我的精神是永远跟随你们的事业。"

到了五、六月间，新政协召开在即。6 月 22 日，受中共中央委派，邓颖超和廖梦醒一行 7 人从北平出发，带着中共领导人毛泽东、周恩来和民革主要领导李济深等人给宋庆龄的亲笔信，专程到上海邀请宋庆龄北上参

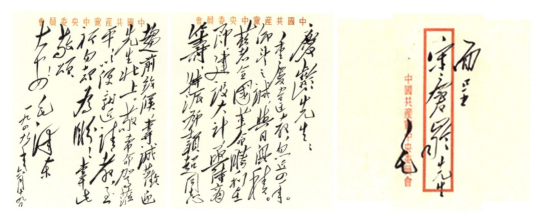

毛泽东给宋庆龄的亲笔信

加新政协，共商建国大计。

　　毛泽东在信中表示，"全国革命胜利在即，建设大计，亟待商筹，特派邓颖超同志趋前致候，专诚欢迎先生北上"。周恩来说，"现全国胜利在即，新中国建设有待于先生指教者正多，敢藉颖超专诚迎迓之便，谨陈渴望先生北上之情"。字里行间，都表达了诚笃之情。这种恳挚态度，由他们的手稿也清晰可见。毛泽东的亲笔信一改潇洒豪放的狂草风格，书写清朗，没有一丝修改的痕迹，可谓用心之至。周恩来做事历来谨慎，信稿

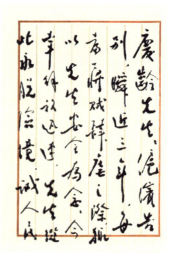

周恩来致宋庆龄的亲笔信

大多整齐干净，但给宋庆龄的这封信里，却将"略陈渴望先生北上之情"的"略"字改成了"谨"字。这个"谨"字，并非周恩来的字迹，而是毛泽东亲笔所改。由"略陈"改为"谨陈"，一字之差，意味深长。

1949 年 7 月 1 日，宋庆龄（右二）、邓颖超（右一）、廖梦醒（右三）出席上海党政军民庆祝中国共产党成立 28 周年大会

抵达上海后，邓颖超应约与宋庆龄会见，转达了中共中央的诚挚之邀及民革同侪的盼望之情。不过，由于宋庆龄当时正患有严重的荨麻疹，每遇过度紧张或过分劳累，此病便会剧烈发作。宋庆龄虽没有明确拒绝北上，但她为难地表示："北平是我伤心之地，我怕到那里去。"宋庆龄所说的"伤心之地"是有所指的。她前两次到北平，一次是 1925 年春天，孙中山在北平病逝；一次是 1929 年春夏，南京中山陵落成，宋庆龄到北平参加孙中山灵柩南迁仪式。

经过邓颖超和廖梦醒的多次劝说，宋庆龄终于答应北上赴平。

中共中央对宋庆龄的北上高度重视，早早着手准备各项接待工作，妥善安排适合的住处、调度专车等。甚至于宋庆龄以何种身份出席新政协，中共中央也作了周密考虑，最后以"特邀代表"列入名单。

1949 年 8 月 26 日，宋庆龄在邓颖超、廖梦醒的陪同下，从上海启程前往北平。8 月 28 日下午 4 时 15 分，宋庆龄乘坐的专列徐徐驶入北平火车站。在火车站，她受到了毛泽东、朱德、周恩来、林伯渠、董必武、李济深、何香凝、沈钧儒、陈其瑗、郭沫若、柳亚子、廖承志等 50 余人的

热烈欢迎。一群来自"洛杉矶"保育院的活泼可爱的孩子向她献上了鲜花。

宋庆龄抵达北平有着特殊的意义。它象征着在中国革命洪流中，由孙中山先生开创的事业和中国共产党人追求的目标，终于汇合在一起了。

海外赤子归来

华侨为"革命之母"，对祖国的民主革命同气相求、同声相应。1948年中共发布的"五一口号"传至海外后，各国华侨无不欢呼，迅速以致电或通电等方式予以响应。

最早致电毛泽东拥护"五一口号"的海外电报，来自陈嘉庚。抗战期间，陈嘉庚给国民参政会发去 11 个字的提案"官吏谈和平者以汉奸论罪"，字字千钧，彰显拳拳爱国之心！这位心系祖国的华侨，一看到"五一口号"，难以抑制心中的激动，即于 5 月 4 日主持召开"新加坡华侨各界代表大会"，代表南洋 120 个华侨团体给毛泽东发来电文，称"贵党中央本月一日呼吁召开新政协，讨论建立联合政府，海外侨胞，闻讯欢跃。本大会本日在星召开。坚决否认蒋介石为总统，并一致决议，通电响应贵党号召，盼早日召开新政协会议，迅速建立联合政府，以解除人民痛苦，保障华侨利益"。这个电报时间甚至先于香港李济深等 12 位民主人士的通电。

10 月 1 日，毛泽东复电陈嘉庚，请他转告各地侨胞民主团体及一切主张民主的侨胞，对他们来电赞助中共 5 月 1 日的主张，表示"热心卓见，无任感佩"，希望各界侨胞对于召集新政治协商会议的各项具体意见，"随时电示，以利进行"。

为了表达诚挚之情，1948 年年底，中共中央委托与陈嘉庚关系密切的华侨庄希泉，到新加坡拜会陈嘉庚，说明情况，并转达中共的邀请。陈嘉庚当即表示接受邀请，但又顾虑新加坡殖民当局会因此加害于他的亲属及在南洋的产业。经庄希泉劝解，陈嘉庚欣然应允。

1949 年 1 月 20 日，毛泽东向陈嘉庚发出了热情洋溢的邀请电：

中国人民解放斗争日益接近全国胜利，召开新的政治协商会议，建立民主联合政府，团结全国人民及海外侨胞力量，完成中国人民独立解放事业。为此亟待各民主党派及各界领袖共同商讨。先生南侨硕望，人望所归，谨请命驾北来，参加会议。肃电欢迎，并祈赐复。

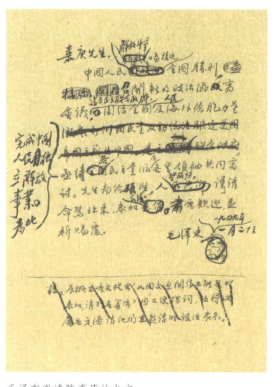

毛泽东邀请陈嘉庚的电文

对于中共的盛情，2月8日陈嘉庚复电感谢："革命大功将告完成，曷胜兴奋，严寒过后，决回国敬贺。"陈嘉庚的"兴奋"是真挚的，因为"此后新民主政府成立，与前必太不相同"。他在给美联社记者谈话中说，他走上反蒋的道路，是因为看到国民党政府是一个没有希望的政府，而毛泽东则目光远大。

对于陈嘉庚的公开表态，蒋介石政府恼羞成怒。在新加坡的国民党特务到处造谣，对陈嘉庚大加污蔑，并威胁恐吓。陈嘉庚决心已定，慷慨表示："与独裁专制之蒋政权决裂，乃深思熟虑之准确选择，任何手段，决难动摇！"

在祖国的北方鲜花盛开的春天，陈嘉庚与庄明理、王雨亭、张殊明等人，登上英国邮轮"加太基"号从新加坡启程回国，先抵达香港。

香港的形势错综复杂。如何安全妥善地护送陈嘉庚北上，让香港分局颇费了一番周折。由于陈嘉庚脾气倔强，坚决不肯搭乘挂英国旗的船回国，香港新华分社负责人乔冠华托人设法找其他国家的船。好不容易，他们找到了一艘陈旧的挪威客货船，条件很差。但陈嘉庚说条件再差也不怕。5月28日，陈嘉庚一行10余人，乘船从香港出发，穿过台湾海峡，途经刚刚解放的上海外洋，一路北上。沿途，他们通过收音机了解国内时局，为人民解放军取得的新胜利欢欣鼓舞。

6月3日，陈嘉庚一行抵达天津大沽口。下船时，他对各报记者发表了讲话。次日，陈嘉庚乘中共特派的专列到北平，受到林伯渠、李维汉、董必武、叶剑英和先期到达的李济深、沈钧儒、彭泽民、蔡廷锴、邵力子等民主人士，以及在北平的200多位华侨青年学生的热烈欢迎。对于这位饱经风霜的70多岁老人，解放区留给他的第一印象是：

1949 年 5 月 5 日，陈嘉庚乘"加太基轮"起程回国

检查人员工作很认真，态度却很和蔼，连一根烟一杯茶都不肯接受，工人装卸货物，小心搬动，很少发生碰坏或被窃的行为，这些都与国民党时代大不相同，心中感到很大的欣慰。

中共对陈嘉庚这位"南侨硕望"表达了极高的礼遇。6月7日，在周恩来陪同下，陈嘉庚前往香山双清别墅拜会毛泽东，并共进晚餐。这是陈嘉庚九年前访问延安后的老友重逢。毛泽东热情地回顾了两人的缘分并提出："现在新政协正在筹备，群贤毕至，陈先生可不能不参加啊！"陈嘉庚谦逊地回答："主席的美意我心领了，但我不懂政治，也不会说普通话，参加新政协之事我不敢接受。"此后数日，林伯渠、沈钧儒、马寅初、郭沫若、黄炎培等一些社会知名人士纷纷到北京饭店看望陈嘉庚。对于陈嘉庚言语不通的推辞，郭沫若诚恳地表示："心通胜于言通。"周恩来也再次到北京饭店做思想工作，希望陈嘉庚担任政协大会的华侨首席代表。周恩来表示，语言不通可以有翻译解决，要紧的是心要能够相通。他以与蒋介石谈判作比喻说："我们和蒋介石谈判，语言是完全相通的，可是彼此的心不相通，所以双方谈判了那么多年，总谈不拢来；我们同世界各国人民，语言很多也不相通，只要有共同目的，彼此心连心，那就什么事情也好讨论协商。"

经过各方诚邀，陈嘉庚盛情难却，终于答应参加新政协，并积极参与新政协的筹备工作。陈嘉庚是中国侨界的一面旗帜。他的行动，对于扩大新政协乃至新中国在海内外的影响都发挥了重要作用。

美洲华侨代表司徒美堂的归来也几经波折。中共中央发表"五一口号"后，已经80高龄的司徒美堂经过一番深思熟虑，于1948年8月12日在香港的建国酒店召开记者招待会，向中央社、《华商报》、《大公报》、《华侨日报》等十余家报社记者发表国是主张。这是他沉寂多年后，再以美洲洪门致公堂耆老身份公开发言，大意是：来香港九个月，国内形势大变，谁为爱国爱民，谁为祸国殃民，已经了然。他虽老迈，但一息尚存，爱国之志不容稍懈，出国族于危亡，救人民于水火者，则热诚祝之。他表示将返美参加洪门恳亲大会，讨论国内形势，提出主张，以贯彻洪门革命目的。司徒美堂的这番话尽管对"五一口号"没有明确的表态，但其政治主张已溢于言表。

司徒美堂在港期间，香港分局统战委委员连贯负责与司徒美堂联系。由于身份特殊，司徒美堂成为国民党特务监视的对象。连贯只好采取灵活的方式，借助其他民主人士与司徒美堂接触。10月23日，连贯设宴为即将返美的司徒美堂饯行。宴会设在沈钧儒住所。席间，宾主相谈甚欢。司徒美堂感怀尤深，特意让秘书起草《上毛主席致敬书》，表示接受中国共产党的领导。他表示：

> 美堂奔走革命六十余年，深信民主政治必须实现，今南京蒋介石政权，专制横暴，倒行逆施，贪污腐化，卖国求荣，发动剿民内战，搜刮民间资财，人心向背，千夫所指，覆亡之日，必在不远。贵党与各民主党派所号召之新政治协商会议，以组织人民联合政府，美堂认为乃解决国内政治唯一之方法，衷心表示拥护。当号召海外侨胞与洪门兄弟誓为后盾。

司徒美堂的这些话爱憎分明，对中国共产党充满期待。他还专门在致敬书上郑重地签字盖章，并表示"新政协"何时召开，接到电话，即回国参加。

司徒美堂回到美国后，不顾年迈，到美国各大城市唐人街演讲，宣传国内解放战争形势，并发表《致美洲全体洪门人士

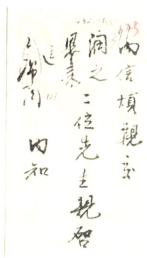

司徒美堂的《上毛主席致敬书》

书》，号召洪门兄弟加强团结，全力支持解放战争，将革命进行到底，并为实现独立自由民主统一及富强之新中国挑选人才，回国参加建设。司徒美堂的这些演讲和文章，在美洲华人报纸上刊登后，对远在异乡的华侨同胞了解情况、澄清是非起了积极作用。

《上毛主席致敬书》由于战时交通阻隔，转送费时，毛泽东两个多月后才收到。1949 年 1 月 20 日毛泽东回复道："中国人民解放斗争日益接近全国胜利，召开新的政治协商会议，建立民主联合政府，团结全国人民及海外侨胞的力量，完全实现中国人民的独立解放事业，实为当务之急。"他真挚邀请司徒美堂"摒挡公务早日回国，莅临解放区，参加会议"。不过，毛泽东的这封信到达美国纽约时，已经是 8 月份了。这时，新政协的筹备工作已进入倒计时。

相对陈嘉庚屡遭威胁来说，司徒美堂的回归遇到了一些直接干扰。当时已定居美国的孔祥熙闻讯后亲自登门劝阻，请司徒美堂"慎重考虑""不要被人利用"云云。司徒美堂这样回答孔祥熙："忠诚爱国、义气团结、

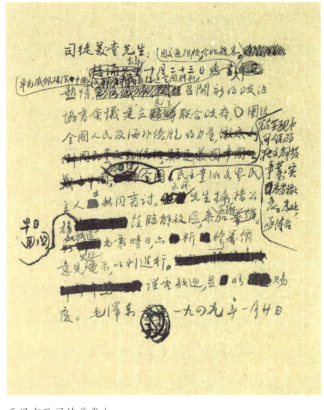

毛泽东致司徒美堂电

侠义除奸乃我洪门精神。现今举国民主进步团体及代表汇聚北平，与中共共商建国大计，如此国家大事，我洪门焉有逃避不参与之道理？"

作为洪门大佬，司徒美堂有着丰富的斗争经验。他在朋友的帮助下，与特务斗智斗勇，终于登上回国的飞机。但飞机一降落到香港启德机场，他就又被港英政府"保护"起来。司徒老人对此印象深刻：

我住在旅馆，有人相陪；我出街，有车子吊在尾后；我上茶楼喝茶，也决不寂寞；直到我乘岳阳轮北上，警车还送到码头上。我记得那辆十分小心地"保护"着我半个月的车子，号牌是"8692"号。

司徒美堂回忆这段经历时，事情已经过去一年多，但这个车牌号依然清晰地留在一个80岁老人的记忆里。可见这种"保护"多么紧密，如果说"形影不离"，也不为过。

司徒美堂搭乘的"岳阳号"是中共香港分局秘密安排的。连贯在《追求进步向往光明的司徒美堂》中描述了这个过程：

中共地下党表面上不与司徒美堂先生有任何来往，暗地里，则周密地研究部署护送司徒美堂离港行动计划。当时，广州等地还未解放，我们决定仍采用护送其他民主人士北上的方法，走水路，通过中国共产党开辟的秘密航线，进入解放区。我们将司徒美老安排在与中共地下党人员有关系的轮船公司的船只上，派党的负责同志随行，选精明强干的同志暗中警卫。因轮船要经过台湾海峡，还要防备国民党战舰的拦截。我们对如何通知美老上船，让美老在市内走哪条路线上船，如出现意外情况，该如何应变等等，均做了详尽的安排。

8月28日，司徒美堂与秘书司徒丙鹤等人登上太古轮船公司的岳阳轮。看到一直跟踪他的警车也送到码头，司徒美堂诙谐地说："真应写信感谢港督葛量洪阁下的盛情照料。"岳阳轮离开了香港，航向解放区。9月4日，司徒美堂乘火车从天津到达北平，周恩来等到车站迎接。

到了北平，毛泽东邀请司徒美堂到双清别墅，留下了一段"我们大家既是坐轿者，又都是抬轿者"的佳话。

由于司徒美堂年已八旬，身体病弱，毛泽东专门安排人用担架抬老人上山。没有现成的担架，就用毛泽东用过的一把藤椅在两边绑上木棍，制成"轿子"。毛泽东再三叮嘱抬担架的年轻人：你们四个人抬时，一定要轻轻抬起来，抬上肩后要走稳走齐，不要让担架晃动。

司徒美堂乘着平生最"特别"的轿子走进双清别墅。他深为感动地说："原来对共产党了解不多，以为来北平是给共产党'抬轿子'，捧共产党上台的。没想到，毛主席这样平易近人，民主协商

司徒美堂与毛泽东在一起

的精神对我教育很深。"

　　毛泽东听后诚恳地说："我们今后要长期一直共事，我们大家既是坐轿者，又都是抬轿者。每一个爱国的志士仁人，都可以自己的特长，参加人民政府的工作，不但要做到尽职尽责，还要做到有职有权。"

牺牲在东方欲晓时

兴亡易代之际，协商建国不是品茶清谈。民主人士在响应中共号召，如万水朝东、百川归海般奔赴解放区的路上，随时都将经受着生与死的考验。传奇将军冯玉祥、著名军事理论家杨杰、新疆代表阿合买提江等人"出师未捷身先死"，牺牲在新中国成立前夕。

抗战胜利后，中国国民革命军陆军一级上将冯玉祥因不满蒋介石的独裁统治，被迫远走美国考察水利。内战爆发后，冯玉祥在美国成立旅美中国和平民主联盟，对美国民众发表演讲，反对美国援助中国内战，呼吁停战议和，成立真正的联合政府。冯玉祥为了表明自己的主张，发表《我为什么与蒋介石决裂》的文章，指责蒋介石政权"是中国所有腐败政府的顶峰"。1948年1月民革成立时，冯玉祥被选为中央常委和政治委员会主席。冯玉祥随即组织民革驻美总分会筹备会，并正式宣布同国民党内民主派的同志们一起，为推翻蒋介石的独裁制度，在中国实现和平与民主而奋斗。

"五一口号"发布时，正在美国的冯玉祥接到中共中央邀请。他和夫人李德全在时任苏

1948年，冯玉祥在美国纽约街头发表演讲

联驻美大使潘友新帮助下，于 7 月 31 日携子女乘苏联"胜利"号客轮回国。9 月 1 日，途经黑海向敖德萨港（今属乌克兰）行进中，轮船失火，抢救不及，冯玉祥不幸遇难。

　　冯玉祥的遇难是新中国的一大损失。他遇难的原因，至今仍是一个谜。一种说法是"天灾"。据李德全回忆，当时船上负责放映电影的年轻人在四层底舱倒回几百卷放完的电影拷贝，因速度太快，摩擦起火，引燃其他胶卷。由于火势太猛，顺着木制楼梯很快烧到各层的出口。浓烟从门缝、窗缝进到冯玉祥的舱内。当时，窗户紧闭。等到船员和其他人破窗而入时，冯玉祥因窒息过久抢救无效身亡。与冯玉祥同住头等舱的三位苏共中央委员及其女儿冯晓达同时遇难。另一种说法是"人祸"。据冯玉祥的秘书赖亚力说，"胜利"号火灾是有人蓄意谋害。当年苏联方面曾对此有个调查报告，称那场大火是"烈性炸药引起的"。不过，苏联解体后，许多档案皆已解密，仍没有见到这份"调查报告"。

　　冯玉祥遇难后，毛泽东、朱德于 9 月 7 日联名致电李济深并转中国国民党革命委员会和李德全，深表哀悼。后来，李德全抱着冯玉祥将军的骨灰，到东北解放区参加新政协的筹备工作。

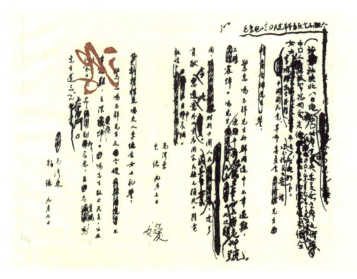

毛泽东亲笔修改的唁电

杨杰将军也曾是国民党的著名军事理论家，一度深得蒋介石赏识和器重。他在执掌陆军大学期间，为抗战前线培养了上千名中高级将领，被外国政要称为"战略专家"。他出任中华民国驻苏大使时，积极争取苏联对华抗战援助，并接受了共产主义思想。抗战后期，他受周恩来、董必武等共产党人的影响，为革命做了不少有益的工作。杨杰的政治转向引起蒋介石的强烈不满，也遭到特务的跟踪和监视。杨杰与蒋介石终于渐行渐远，公开决裂，分道扬镳。

《华商报》发给人民政协秘书处的电报

抗战胜利后，杨杰积极投身争取和平民主的斗争。民革成立时，杨杰当选为民革中央执行委员，负责西南地区的组织发展，并致力于策动云、贵、川、康地区实力派武装起义。杨杰的言行触及蒋介石的逆鳞，令蒋介石欲除之而后快。在云南，杨杰外出，总有"保镖"如影随形；杨宅外也常常有不三不四的人来回游荡。中共党组织和民革的一些朋友都非常牵挂杨杰的安危。后来，新政协会议召开在即，中共云南地下组织负责人数次劝他离滇赴港，到北平参加会议。但杨杰表示，他正在做卢汉起义的工作，已有成效，容他暂缓离滇。蒋介石得知此事后，命保密局立即采取行动，将杨杰就地正法。卢汉见事态严重，急忙发密电给杨杰，要他火速离滇。杨杰遂避开监视飞赴香港，让逮捕他的特务扑了个空。

蒋介石得知消息后异常恼怒，把特务头子毛人凤大骂一通，让他限期除掉杨杰，以绝后患。但杨杰到香港后住在同乡家中，深居简出，等待中共组织赴北平的安排。毛人凤又派保密局香港行动处除掉杨杰。他们从一个混入民主人士队伍中的军统分子处打听到杨杰的地址，并探知杨杰即将北上的消息，决定智取。1949年9月19日，保密局做了一番布置后，由特务径直到杨杰住所，以转交杨杰朋友书信为名，对毫无戒备阅读书信的杨杰开枪射击。先胸部一枪，紧接着又向头部补了一枪。

一代军事教育家、理论家，坚定的反蒋斗士，就这样牺牲在黎明之际。两天后，中国人民政治协商会议第一届全体会议在北平召开，杨杰成为代表名单中唯一加黑框的代表。

阿合买提江·哈斯木、伊斯哈克伯克、阿布都克里木·阿巴索夫、达列力汗等人是1944年8月伊犁、塔城、阿山（今阿勒泰）爆发的"三区革命"主要组织者和领导者。他们代表的革命力量坚持国家统一的根本原则，维护了国家领土的完整。

人民政协第一届全体会议代表名单中，杨杰的名字加了黑框

1948年8月1日，阿合买提江在伊宁创建"新疆保卫和平民主同盟"，当选为中央委员会主席。1949年8月15日，中共中央派邓力群以联络员身份到达伊宁特区，建立了"力群"电台，使三区政府实现了与中央的直接联系。

8月18日，毛泽东以新政治协商会议筹备会主任名义发电，邀请阿合买提江等参加即将召开的新政治协商会议。毛泽东在邀请函中说："你们多年来的奋斗，是我全中国人民民主革命运动的一部分。随着西北人民解放战争的发展，新疆的全部解放已为期不远，你们的奋斗即将获得最后的成功。"毛泽东的邀请通过"力群电台"传到伊宁，尤其是毛泽东肯定了"三区革命"是中国民主革命的一部分，使阿合买提江等人非常激动。阿合买提江于8月20日复信毛泽东："我们以最高的热情来向敬爱的毛泽东先

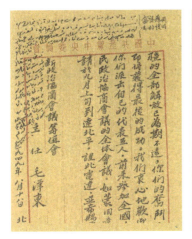
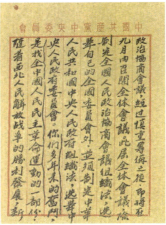

　　1949年8月18日，毛泽东致信阿合买提江等人："我们衷心地欢迎你们派出自己的代表五人，前来参加全国人民政治协商会议的全体会议。"书信最后一页左上角维吾尔文字为赛福鼎·艾则孜的说明。汉文翻译为：按照毛主席的这封信，阿合买提江（团长）、伊斯哈克伯克、阿布都克里木·阿巴索夫、达列力汗、罗志五人代表团于一九四九年八月二十二日从伊宁出发，选择经苏联的线路去北京。八月二十七日，飞机经贝加尔湖湖山时失事。九月五日，由我和涂治、阿里木江三人组成的代表团从伊宁出发经苏联于九月十五日到达北京。

生表示感谢和兴奋，并派代表前往北平参加人民新政治协商会议。"

　　由于从伊宁经过迪化（今乌鲁木齐市）、兰州至北平的通道全被国民党军队控制，穿越敌占区到达北平是不可能的。8月22日，阿合买提江、伊斯哈克伯克、阿巴索夫、达列力汗、罗志等5位代表从伊宁出发，计划借道苏联阿拉木图前往满洲里。不幸的是，8月27日，飞机途经苏联伊尔库茨克外贝加尔湖地区上空时，遭遇恶劣气候，撞到山上。机上17人全部遇难。

　　阿合买提江等人的牺牲，是中国人民革命事业的一个重大损失，也是新疆各族人民的重大损失。毛泽东专致唁电表示哀悼。毛泽东指出："阿合买提江等5位同志生前为新疆人民解放事业英勇奋斗，最后又为建立中华人民共和国的事业而牺牲，值得全国人民的永远纪念。"之后，三区政府又组成以赛福鼎·艾则孜为首的三人代表团赴京参加这一具有重要历史意义的盛会，见证了新中国的诞生。

第三章　人间正道

愿在中共领导下，献其绵薄，共策进行，以期中国人民民主革命之迅速成功，独立、自由、和平、幸福的新中国之早日实现。

——1949年1月22日，到达解放区的各民主党派、各人民团体代表人物及无党派民主人士李济深、沈钧儒、谭平山、郭沫若等55人联合发表声明

决定中国命运之战

人民解放战争的决定性胜利是协商建立新中国的重要因素。1948年秋天，在全国解放战争进入第三个年头之时，中国的军事、政治和经济形势都发生了更有利于人民的重大变化。国民党的总兵力，已经由战争开始时的430万人减少到365万人，其中正规军198万人，而且被人民解放军分割钳制在东北、华北、西北、中原、华东五个战场上，能够进行战略机动的兵力寥寥无几。中国人民解放军总兵力由战争初期的120余万人，发展到近280万人，其中野战军149万人。敌我兵力的对比，由战争初期的3.4∶1缩小到1.3∶1。虽然在总兵力对比上，人民解放军仍处于劣势，但其机动兵力却超过国民党军，且战斗力大大增强。各大解放区日益巩固、发展、壮大，面积占全国总面积的1/4，人口占全国总人口的1/3以上。老解放区的农民实行了土地改革，广大翻身农民支前和生产的积极性空前高涨。进行战略决战的时机已经成熟。中共中央当机立断，在4个月内连续组织辽沈、淮海、平津三大战役，消灭蒋介石150多万军队。在凯歌高奏中，东方已经绽现绯红色的曙光。

中央军委作战室旧址

西柏坡，是新中国诞生之前中共中央的最后一个农村指挥所。中共中央旧址内，有一座低矮狭小的军委作战室。这里常令参观者产生无尽的遐想和好奇：毛泽东、周恩来、朱德等共产党的统帅们，难道就是在这个世界上最小的指挥所，指挥了世界上最为壮阔的战争？打赢了决定中国命运的三大战役？答案是肯定的！

中央军委作战室，看上去与普通民居并无两样。依然摆放在原处的木桌木椅，便是中央军委一局（作战室）的全部家当。唯一能联想起战场的，便是电报。周恩来曾经幽默地说："我们这个司令部一不发枪，二不发人，就是天天发电报。"据有人统计，毛泽东和中央军委用190多封电报，指挥了震惊中外的三大战役。

为了及时处理前线的请示，毛泽东经常昼夜不眠，随来随复，有时一个小时就起草两三份电报。一份电报，从毛泽东、周恩来起草，到机要室登记，通信员从电台发出，三环紧密相扣，真可谓"运筹帷幄中，决胜千里外"。

9月8日到13日，中共中央在西柏坡召开了决战之前的一次政治局会议（史称"九月会议"）。这是自1947年3月中共中央撤离延安后的第一次中央政治局会议，也是自抗战胜利以后到会人数最多的一次中央会议。会议以"军队向前进，生产长一寸，加强纪律性，革命无不胜"为中心议题，提出建设500万人民解放军，在5年左右时间内（从1946年7月算起）从根本上打倒国民党反动派的伟大战略任务。按照人民解放军应"有计划地走向正规化"的要求，会后中央军委对全军组织及部队番号作了统一的规定，共编成4个野战军、5个军区，即西北野战军、中原野战军、华东野战军、东北野战军，以及华北、西北、中原、华东、东北军区。这次会议，为夺取解放战争的全面胜利，从思想上、政治上、组织上做了重要准备。

根据"九月会议"精神，人民解放军从9月开始，先后在东北、华东、中原、华北和西北战场上，发起规模空前的秋季攻势。首战是攻克济南。经过八昼夜激战，9月24日济南解放，生俘国民党第二绥靖区司令长官王耀武，歼敌 10.4 万余人。济南战役是人民解放军攻克敌人重点设防的大城市的开始，以此拉开了战略决战的序幕。此后，中国革命战争史上气势磅礴的战略决战呼啸而来。

辽沈战役

1948 年 9 月 12 日，没等"九月会议"闭幕，东北野战军主力就南下北宁线。大决战首先在黑土地上铺开阵势。

战势不过奇正，奇正之变，不可胜穷也。经过井冈山时期的游击战、抗日战争中的持久战，进入解放战争时期，毛泽东的军事指挥艺术已经炉火纯青。

当时，国民党在东北战场上的 55 万军队，分别被挤压在长春、沈阳和锦州三个孤立的地区。大战开始之前，毛泽东从全国战局出发，提出夺取锦州，关上东北大门，"封闭蒋军在东北加以各个歼灭"的战略构想。而作为东北前线最高指挥员的林彪，却舍不得快要煮熟的鸭子，力主先打围困已久的长春。经过争论，林彪最终还是接受了军委的意见。9 月 7 日，毛泽东明示："为了歼灭这些敌人，你们现在就应该准备使用主力于该线，而置长春、沈阳两敌于不顾，并准备在打锦州时歼灭可能由长、沈援锦之敌。"至此，辽沈战役的大政方针确定下来。毛泽东这个"先打锦州"的部署，是要形成"关门打狗"之势，一举夺得整个战役的胜利。

在东北野战军开始向锦州开进时，林彪得到国民党新五军及九十五师在葫芦岛登陆的消息。这使只带了七天给养的东北野战军面临着腹背受敌的危险。林彪将之比喻为"准备了一桌饭，来了两桌客人"。10 月 2 日，林彪致电中央军委，重提回师长春的方案。

在原则问题上，毛泽东毫不让步。他于次日 17 时、19 时接连发报指出："在五个月前（即四、五月间），长春之敌本来好打，你们不敢打，在两个月前（即七月间），长春之敌同样好打，你们又不敢打。现在攻锦部署业已完毕，锦西、滦县线之第八、第九两军亦已调走，你们却又因新五军从山海关，九十五师从天津调至葫芦岛一项并不很大的敌情变化，又不敢打锦州，又想回去打长春，我们认为这是很不妥当的。""你们完全不应该动摇既定方针。"5个小时以后，毛泽东接到了林彪决心先打锦州的电报，欣然复电"甚好、甚慰"。将帅之间虽远隔千里，目标却是一致的。一场关系战事成败的争论，仅仅用了32个小时，凭着几封电报便化解了。

对国共双方来说，东北战场事关重大。就在毛泽东和林彪争论主攻方向时，蒋介石乘坐"美龄号"专机匆匆赶到沈阳。所不同的是，他与卫立煌在"作战方针"上的争吵却愈演愈烈。将帅之间唇枪舌剑，毫不相让，一直到战役打响，尚无最后决策。毛泽东听闻蒋介石到了沈阳，诙谐地说："蒋介石飞到沈阳了，这下子我们胜利就更有了把握。"周恩来说："蒋介石到哪个地方，哪个地方的仗就好打，他历来就是瞎指挥。"对此，国民党东北战场的指挥官杜聿明有更切身体会。他后来回忆说：

> 蒋介石为了把东北主力撤到锦州，用尽心机在东北物色能执行他命令的将领。初则属意于廖（廖耀湘），后又属意于范（范汉杰），而把卫立煌悬在一边。弄得在东北的国民党将领中，各有所私，各怀鬼胎，各据一部分实力，个个要直接听蒋介石的命令，谁也无法指挥。

东北野战军下定攻锦决心后，于10月10日开始，顽强击退国民党"东进兵团"对塔山的进攻，阻断"西进兵团"继续南进，并于10月13日肃清锦州外围守军。

锦州是联结东北和华北的战略要冲，处于冀、热、辽三省的交通咽喉部位，是国民党军队退走关内的大门。而伪满省府大楼和城北一座由日本人修建的配水池，便是大门上的两把铁锁。

夺取锦州的关键是打开这两把铁锁。配水池之战注定惨烈。当时林彪下了死命令，限三纵七师拂晓以前一定打下配水池，"打不下来，我就杀你脑袋"。军令如山。此战，国民党守军一个加强营，东北野战军一个加

东北野战军 500 余门大炮向锦州守敌轰击

强营。双方血战 10 个小时，拼到了几乎全部阵亡的程度。这在解放战争史上是极为罕见的。

10 月 14 日 11 时，林彪下达了总攻的命令，一场更惨烈的攻坚战开始了。经过 31 小时的激战，15 日攻克锦州，全歼守敌 10 万余人。黄埔一期的范汉杰做了曾为黄埔四期林彪的俘虏。

锦州攻克后，长春问题也瓜熟蒂落。10 月 17 日国民党守军第六十军军长曾泽生率部起义；21 日东北"剿总"副总司令郑洞国率残部放下武器。长春宣告解放。

蒋介石为了打通向关内的退路，决定廖耀湘兵团与葫芦岛增援部队"对进"，妄图重占锦州。同时，任命杜聿明到东北，部署和实施沈阳的国民党军队总撤退计划。东北野战军在黑山和大虎山地区展开围歼战，于 10 月 26 日完成对廖耀湘兵团的合围。经过两天激烈战斗，28 日全歼该兵团 10 万人，生俘兵团中将司令官廖耀湘。

为避免全军覆没的命运，卫立煌 10 月 29 日飞离沈阳。东北野战军分多路向沈阳、营口猛追疾进，于 11 月 2 日占领沈阳。东北全境回到了人民的手中。历时 52 天的辽沈战役，以全歼 47.2 万敌军的辉煌战绩，画上了一个圆满的句号。

淮海战役

东北黑土地上激战犹酣的时候，毛泽东就收到粟裕在济南战役胜利当日发来的求战电报，建议进行淮海战役。毛泽东兴奋不已，很快复电："我们认为举行淮海战役，甚为必要。"这时的人民解放军已经战无不胜，没有攻不破的城，没有不敢打的仗。毛泽东一面指挥辽沈决战，一面与周恩来谋划更大规模的战役。共产党军队将帅默契，一拍即合，以徐州为中心，在东起海州、西至商丘、北起临城（今薛城）、南达淮河的江淮平原摆开战场，拟把国民党军的有生力量消灭在长江以北。

1948 年 10 月 11 日，中共中央制定了淮海战役方针和淮海战役后的作战计划，指出：战役第一阶段的重心，是集中兵力歼灭黄百韬兵团，完成中间突破；第二阶段歼灭海州、新浦、连云港、灌云地区之敌，并占各城；第三阶段在两淮方面作战。11 月上旬，根据战事变化，中央军委决定扩大原定淮海战役的规模。人民解放军集中华东野战军十六个纵队、中原野战军七个纵队及豫皖苏军区、豫西军区等共计 60 万雄师参与作战。

淮海战役为南线空前大战，战场局势可能瞬息万变。中央军委高度信任前线将领，决定以刘伯承、陈毅、邓小平、粟裕、谭震林组成总前敌委员会，由刘伯承、陈毅、邓小平为常委，临机处置一切。邓小平任总前委书记。

徐州这座历史古城，位居中原要地，历来是兵家必争之地。眼看失去东北的蒋介石，又开始在南京、武汉、徐州之间调兵遣将。他同样下决心要在这里打一场大仗，投入徐州"剿总"总司令刘峙、副总司令杜聿明指挥下的四个兵团和三个绥靖区及其他部队，号称 80 万人的部队，企图把解放军阻挡在长江以北，以确保拱卫"首都"、不失南京。一个是攻，一个是守。同一战场，两样心境。

辽沈战役的硝烟尚未散尽，淮海战役已经打响。11 月 6 日，敌我双方 140 万大军，在淮海平原上扭成一团。按照战前部署，先打新安镇的黄百韬；不让黄兵团退守徐州，追上去把他分割消灭在徐州外围。当时，解放军参战部队叫得最响的一句口号就是："我们的两条腿要跑过敌人的汽车轮子！"

11 月 8 日，国民党第三绥靖区副司令官、中共地下党员何基沣、张克侠率部 2.3 万人起义，为战役的顺利推进创造了极其有利的条件。同日，黄百韬兵团被团团包围在碾庄。尽管蒋介石严令催逼，但赶来为他解围的几路大军仍杳无踪影。拥兵自重的李弥和心怀异志的邱清泉在远方磨蹭观望；从华中赶来增援的黄维兵团被围困在宿县西南的双堆集。碾庄，已是死棋一颗。

11 月 19 日晚 10 时，华东野战军向黄百韬最后八个团固守的碾庄圩发起总攻。激战两天，全歼敌军。在黎明前大雾弥漫中，逃出指挥所的黄百韬，本可以突出重围，却于万般绝望中，开枪自尽，倒在村头的苇塘荡边。

黄维的第十二兵团一直是蒋介石的嫡系。蒋介石把最好的美式装备给了他。黄维却将数百辆汽车、坦克摆放在双堆集周围，精心构筑了一道"汽车防线"。11 月 20 日，毛泽东电示总前委，待黄百韬被歼之后先打黄维。

12 月 6 日下午，对黄维兵团的总攻开始。汽车阵挡不住解放军的凌厉攻势。逃跑的黄维选择了比汽车更为结实的坦克，试图冲出重围。具有讽刺意味的是，坦克行驶到一条小河沟里，便熄火抛锚了。经过激战，至 15 日晚，黄维被生俘，其兵团约 12 万人被歼。

淮海战场上，只剩下了陷入重围的杜聿明集团。他的司令部设在位于豫苏皖三省交界处的一个叫陈官庄的小村子。这时，平津战役已经开始。淮海前线解放军遵照中央军委指示，为了稳住平、津的傅作义部队，不使

支前民工的小推车

其南撤，暂停对杜聿明集团发起攻击。

在两军对垒中，1949年的元旦到来了。解放军战士在狭窄的壕沟里，欢度新年；阵地的另一边，饥寒交迫的国民党士兵们吃光了粮食和野草，吃光了战马和马鞍，吃光了树皮和棉絮，一幅惨不忍睹的景象。

毛泽东写下了《敦促杜聿明等投降书》。战场上，轮番广播此文。这篇文章没有说动杜聿明放弃抵抗，但他的官兵，整班整排甚至整营从阵地的一边走到另一边，掉转枪口，变成了解放军战士。

1月6日，总攻开始了。仅用4天时间，全歼邱清泉、李弥两个兵团约20万人；杜聿明被张老庄的一位姓段的村民活捉了。在淮海战役纪念馆，可以看到这样一张纸条："收到战犯杜聿明壹名。"

淮海战役以大获全胜而结束。此次战役的胜利，是人民解放军的辉煌，也是解放区人民的荣光。有一部《车轮滚滚》的电影，再现了淮海战役期间，胶东解放区支前民工推着弹药和给养支援前线的故事。这个故事是真实发生的。陈毅有句名言："淮海战役的胜利是父老乡亲用小车推出来的。"历史证明，没有人民支持的战争，注定是不能胜利的。

平津战役

辽沈战役后，国民党军华北"剿总"傅作义集团50万余人分布在东起北宁路山海关、西迄平绥路张家口的长达 500 余公里的狭长地带上。"不甘寂寞"的傅作义在辽沈战役期间，演了一出偷袭戏，不过败给了毛泽东的"空城计"。

1948 年 10 月 23 日，傅作义按照蒋介石的命令，企图趁解放军冀中兵力空虚之际，组织三个步兵师、两个骑兵师偷袭石家庄和西柏坡。危急时刻，中共地下情报人员出色地传递出这一偷袭计划。中央军委立即部署反偷袭行动。毛泽东连续为新华社撰写报道，给傅作义演了一场"空城计"，破了蒋、傅图谋，迫使偷袭部队半途而归。

淮海战役结束之后，蒋介石在长江以北的作战主力只剩下了傅作义的几十万人马。于是他又在北平与南京之间来往穿梭，做着最后的挣扎。起初，他严令傅作义固守平、津，后又力主放弃平、津南撤。

傅作义对蒋介石排斥异己心怀戒备，在从张家口到塘沽 300 多公里的地段上，摆出了一个长蛇阵，要给自己留下两条退路：或西回绥远老家，或东走海路南下。

西柏坡作战室里，毛泽东审视着这条长蛇阵，一眼洞悉傅作义的意图。北平是一座世界闻名的古都，尽量不要毁在战火之中。毛泽东决心稳住傅作义，把他留下来，慢慢打，慢慢谈。因此，发往前线的一封封电报上，经常出现"隔而不围""围而不打"的指示。

辽沈战役后，不等大战后的休整，中央军委急令东北野战军入关。

遵照中央军委指示，东北、华北人民解放军于 11 月 29 日发起平津战役。12 月 12 日，东北野战军陆续到达平津前线，并于 12 月 21 日完成对平、津、塘国民党军队的战略包围。北平、天津被分隔成了两座孤城。

12 月 22 日，杨得志所率第二兵团首先向驻守新保安的国民党第三十五军发起攻击。仅用一天时间，便获大胜，敌军长郭景云战死。紧接着，杨成武的第三兵团与从东北入关的四纵协同作战，于 12 月 24 日一举收复张家口。

1949 年 1 月 10 日，中共中央决定成立由林彪、罗荣桓、聂荣臻三人

1949年2月3日，人民解放军举行入城仪式

组成的平津前线总前委。

天津，是北平的门户。国民党守军构筑了一条周长84华里的防线。大军压境下，傅作义试图与人民解放军和谈，但他心存侥幸，把天津作为争取时间的筹码。傅作义的谈判代表自信地认为，他们至少可以固守30天。

1月14日，进攻天津的战斗打响。攻城战士们翻过10米宽、3米深的壕沟，爬上加高了4米的城墙，在天黑之前冲进了市区。一夜巷战后，15日下午3时，全歼国民党守军13万余人，天津守将陈长捷被俘。前后不到30个小时结束战斗。

天津解放后，孤守北平的傅作义部25万人完全陷入绝境。为了保护这座文化古城，中共中央力争以和平方式解放北平。处于战与和之间犹豫不决的傅作义，在各界人士的敦促下，最终接受解放军提出的和平条件。1月21日，双方签订《关于和平解决北平问题的协议》。1月31日，人民解放军进驻北平城。北平和平解放。

辽沈、淮海、平津三大战役的伟大胜利，实现了中共中央"九月会议"上提出的把国民党军队主力消灭在长江以北的战略构想，华北、东北两大解放区完全连为一片。这为夺取全国胜利奠定了坚固的基础，大大加速了协商建立新中国的进程。

汇聚北平

　　随着三大战役的伟大胜利，国民党政府在长江以北的军事力量被彻底摧毁。蒋介石统治集团不甘心自己的失败，继续向美国总统杜鲁门请求军事援助。美国已认识到国民党政府"较过去更加不孚众望，并且愈来愈众叛亲离"，拒绝了蒋介石的请求，并策划支持国民党桂系李宗仁"划江而治"。迫于国内外压力，蒋介石于1949年元旦发表"求和"的《新年文告》，提出愿与共产党商讨"停止战事，恢复和平的具体办法"，但要以保存伪"宪法"、伪"法统"和国民党军队为条件。

　　"是将革命进行到底呢，还是使革命半途而废呢？"中国近代曾在这个问题上有过惨痛的教训。蒋介石发表《新年文告》后，国统区的各阶层对此反应不一。一些民族资产阶级、上层小资产阶级及知识分子中许多人对美国和李宗仁抱有幻想。民主党派中有少数人重新燃起中间道路的希望。针对这种情况，1948年12月30日，毛泽东为新华社写了一篇新年献词，发出了"将革命进行到底"的伟大号召。毛泽东以寓意生动的"农夫与蛇"的故事，警告人们决不要怜惜蛇一样的恶人。毛泽东指出，虽然伟大的人民解放战争就要取得最后的胜利，可是，敌人是不会自行消灭的，不会自行退出历史的舞台。要将革命进行到底，那就是用革命的方法，坚决彻底干净全部地消灭一切反动势力。但是，如果要使革命半途而废，那就是违背人民的意志，使国民党赢得养好创伤的机会，然后在一个早上猛扑过来，将革命扼死，使全国回到黑暗世界。

　　摆在各民主党派、各界人士面前有两条路，究竟选择哪一条呢？毛泽东严肃地指出："中国每一个民主党派，每一个人民团体，都必须考虑这个问题，都必须选择自己要走的路，都必须表明自己的态度。中国各民主党派、各人民团体是否能够真诚地合作，而不致半途拆伙，就是要看它们在这个问题上是否采取一致的意见，是否能够为着推翻中国人民的共同敌人而采取一致的步骤。这里是要一致，要合作，而不是建立什么'反对派'，也不是走什么'中间路线'。"毛泽东的新年献词对于揭露美蒋的阴谋，争取、教育各阶层人士起了积极作用。

就在毛泽东号召将革命进行到底之时，斯大林于 1949 年 1 月 10 日给毛泽东来了一封信，建议中共接过"和平的旗帜"，与国民党和平谈判。毛泽东遂接受其建议，于 1 月 14 日以中共中央主席的名义发表了针对蒋介石"求和"阴谋的《关于时局的声明》，提出八条和谈条件。

毛泽东对时局的声明，立即得到社会各界的热烈拥护。在李家庄的部分民主人士召开讨论会。大家说：和平有两种，一种是维护反动势力和战犯利益的"南北朝"式的假和平；一种是毛泽东提出的维护人民利益的真和平。因此，只有将八条作为和谈的先决条件，才能实现人民所要求的真正的、民主的、彻底的、永久的和平。周建人、胡愈之、楚图南、符定一、田汉、吴晗等联名致电在东北的民主人士，建议共同起草一个支持毛泽东八项条件的声明。

这个时候，到东北解放区的民主人士已围绕中共"五一口号"提出的"迅速召开政治协商会议，讨论并实现召集人民代表大会，成立民主联合政府"开始了行动。还在第一批民主人士沈钧儒等人由香港北上途中，中共中央于 1948 年 9 月 18 日即电示东北局："在各方人士住哈期间，可由高岗、洛甫（张闻天）、林枫代表东北局并与高崇民、张学思、朱学范等人和他们正式商谈，征询他们对召开新政协会议之时间、地点、人选及议程的意见。"随后，以中共中央所在地西柏坡为中心，中央统战部居中协调并负责组织李家庄的民主人士、东北局代表中央组织在哈尔滨的民主人士、香港分局负责联络在香港的民主人士，围绕新政协的筹备进行讨论，构建了西柏坡—李家庄—哈尔滨—香港迭次交换意见的"远程"协商格局。

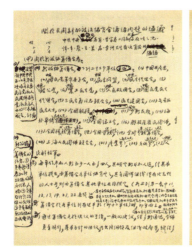
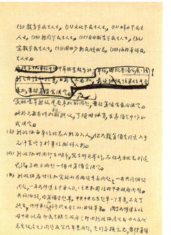

《关于召开新的政治协商会议诸问题的协议》定稿前的修改件

中共中央在充分吸收各民主党派领导人和无党派民主人士意见的基础上，于 11 月 25 日，委托高岗、李富春与沈钧儒、谭平山等人在哈尔滨达成了《关于召开新的政治协商会议诸问题的协议》。

这个协议内容基本概括了"五一口号"发布以来各方面所关注的重大问题，也是对半年多来关于新政协讨论的集中总结，就新政协筹备会、新政协的性质、组成、任务作出明确规定，为新政协筹备提供了第一个可以遵循的正式依据。这也是民主人士到解放区后所开展的协商活动的重要成果。

沈钧儒等人达成协议后，即转到沈阳，与李济深、郭沫若后几批北上的民主人士会合。东北全境解放后，他们参加学习讨论，实地考察解放区的生产生活，切身感受"解放区的天是晴朗的天"。当他们收到李家庄的民主人士关于响应毛泽东八项和谈条件的倡议后，进行了广泛沟通和深入讨论。1949 年 1 月 22 日，到达东北和华北解放区的各民主党派、各人民团体的代表人物及无党派民主人士李济深、沈钧儒、谭平山、郭沫若等 55 人联合发表声明，拥护毛泽东提出的八项条件。声明首先提出："这一解决国是的主张，正符合于全国人民大众的要求。"声明强调："愿在中共领导下，献其绵薄，共策进行，以期中国人民民主革命之迅速成功，独立、

1949 年 2 月 2 日，《人民日报》报道民主人士的声明

自由、和平、幸福的新中国之早日实现。"

这份声明是各民主党派和无党派民主人士第一次以书面形式，明确地公开宣布自愿接受中国共产党的领导。从一定意义上说，这一声明标志着各民主党派和无党派民主人士政治立场的彻底转变，为即将筹备的新政协和新中国奠定了重要基础。

北平和平解放后，中共中央决定将新的政治协商会议召开地点改为北平。在中共中央的统一安排下，在东北、华北解放区的各民主党派的代表人物和无党派民主人士，从沈阳、李家庄相继汇聚到北平，参与筹备新政协、建立新中国的光荣伟业。

最先赴北平的是中共中央统战部秘书长齐燕铭率领的部分工作人员和在李家庄的周建人、胡愈之、楚图南、符定一、韩兆鹗、雷洁琼、沈兹九、何惧等民主人士。中央统战部在北平和平解放的第二天晚上就接到命令：立即进驻北平打前站，安排民主人士到达北平的接待工作和新政协会务工作。

民主人士前往华北解放区时，还属于在交通员护送下的单独的秘密任务。而离开李家庄前往北平，已变为成规模的公开的集体行动。楚图南与雷洁琼、吴晗等同为第一批离开李家庄前往北平的民主人士，他对从李家庄到北平的经过有一段生动记述：

我记得，我和周建人、胡愈之、沈兹九等同志几十人组成一队，由齐燕铭同志照应着，分乘几辆中吉普车离开了李家庄。到达石家庄后，住了一天，原来准备赶赴北平，但打前站去定县的同志打电话回来，说定县附近还有傅作义将军的不少部队，当时考虑到傅作义将军虽已表示起义，但其各部队情况动向究竟如何，还不清楚。从安全考虑，齐燕铭同志当即决定我们全体暂留在石家庄，他只身带一支卡宾枪连同一名司机乘一辆吉普车前往定县了解情况，而且嘱咐我们，在没有接到他亲自打来的电话之前，不要离开石家庄。说完，他即乘坐着吉普车在夜幕中北上了。后来接到他的电话说前线无事，我们大伙才顺利地通过定县到达了北平。

2月3日，齐燕铭及部分工作人员进入中南海，接管了南海范围的房屋，立即成立中南海办事处。中南海是明清皇朝王公贵族的住宅和花园。北平解放前，国民党华北"剿总"在此办公。由于缺乏维修，许多建筑都已破旧，垃圾遍地，杂草疯长，污泥堆积，蚊虫滋生。中南海办事处下了很大力气，动员部队才把垃圾和污泥清理出去，对准备给中共中央领导居住和活动的颐年堂、政协筹备会办公开会的勤政殿进行重点修缮，并对拟作为新政治协商会议会场的怀仁堂做了改建。

此时，有30多位民主人士尚在东北解放区。2月14日，中共中央致电东北局、华北局及平、津两市，委派陕甘宁边区政府主席林伯渠前往沈阳迎接他们。毛泽东、周恩来非常重视在东北的民主人士赴平事宜。毛泽东在中共中央接待民主人士方案上批示："林老与民主人士入关时，望东北局令铁路总局派专车并派有训练有纪律的部队一个连随车护送。"

2月23日，李济深、沈钧儒、马叙伦、郭沫若、李德全、章伯钧等35位到达东北解放区的民主人士，在中共中央代表林伯渠、东北行政委员会副主任高崇民陪同下，乘坐"天津解放号"专列由沈阳出发，第二天到达天津，受到黄敬市长的热烈欢迎。2月25日中午12时，民主人士一行顺利抵达北平。林彪、罗荣桓、聂荣臻、董必武、薄一波等中共领导人和民主人士100余人到车站迎接。

同日下午，在天津的民主人士李烛尘、资耀华等40人也乘车抵达北平。

1949年2月26日，中共代表林伯渠，民主人士郭沫若、马叙伦、李济深、沈钧儒等在欢迎大会上（右一至右五）

2月26日，根据中共中央指示，人民解放军平津前线指挥部、北平市军事管制委员会、中共北平市委、北平市人民政府在中南海怀仁堂为民主人士举行盛大欢迎会，热烈欢迎由东北、天津、李家庄来北平及已在北平的民主人士代表，共有400多人参加。刚从西柏坡回北平的"上海和平代表团"颜惠庆、章士钊、江庸、邵力子也应邀参加大会。李济深、沈钧儒、马叙伦、郭沫若等14位民主人士发表了演说。李济深的一席话可以说代表了大家的心声。他说："我深信，中国的革命在中共领导之下是必然成功的，民主的新中国是必然实现的。我进入解放区，自大连以至哈尔滨，所目睹的各项民主建设突飞猛进的事实，还有我们的朋友来自关内解放区所耳闻目见的事实，都是有力的证明。"

擘画新蓝图

新政协肩负着立国重任。对将要建立一个什么样的新中国，中共中央亟须从理论、方针、步骤各方面在全党思想上明确下来，进而形成社会各界的共识。因此，北平和平解放后，毛泽东和中共中央其他领导人没有第一时间迁到北平，仍留在西柏坡。他们忙着擘画新中国的"四梁八柱"。

对于新中国蓝图的构想，早在抗战期间，毛泽东已有论述。他在 1940年发表《新民主主义论》中，明确指出新中国的性质："现在所要建立的中华民主共和国，只能是在无产阶级领导下的一切反帝反封建的人民联合专政的民主共和国，这就是新民主主义的共和国，也就是真正革命的三大政策的新三民主义共和国。"后来，在中共七大上，他发表《论联合政府》的演讲，开篇就提出"将中国建设成为一个独立、自由、民主、统一和富强的新国家"的实现步骤，同时指出："我们主张在彻底打败日本侵略者之后，建立一个以全国绝对大多数人民为基础而在工人阶级领导之下的统一战线的民主联盟的国家制度，我们把这样的国家制度称之为新民主主义的国家制度。"

1948 年下半年，中国新民主主义革命胜利在望。中共中央审时度势，抓紧研究和部署各项建国方略。在"九月会议"上，毛泽东就国际形势、战略任务、政权性质、财政统一以及发展党内民主和加强纪律等八个问题作了深刻论述。对于要建立一个什么样的政权，毛泽东指出，我们要建立的，是无产阶级领导的以工农联盟为基础的人民民主专政。这个政权，不仅仅是工农，还包括小资产阶级，包括民主党派，包括从蒋介石那里分裂出来的资产阶级分子。政权制度采用民主集中制，即人民代表会议制，而不采用资产阶级的议会制。各级政府都要加上"人民"二字，各种政权机构也要加上"人民"二字，如法院叫人民法院，解放军叫人民解放军，以示与蒋介石的政权根本不同。毛泽东还强调指出：我们有广大的统一战线，我们的任务是打倒帝国主义、封建主义和官僚资本主义。要打倒，我们就要打倒他们的国家，建立人民民主专政的国家。

辽沈、淮海、平津三大战役相继胜利，标志着中国革命的成功已经迫近。在新的形势下，1949年1月6日至8日，中共中央在西柏坡召开了政治局会议（史称"一月会议"）。这次会议对军事、政治、国内、国际形势作了全面的科学的分析，确定1949年的各项任务。关于这次会议的重要意义，胡乔木回忆说：

> 这次会议的重要性在于它对九月会议以后全国形势的发展作了总结，提出了全党在新的一年里的十七项任务，包括：渡江南进，使人民解放军进一步正规化；提高工农业生产，继续土地改革和整党工作；召开党的七届二中全会；召开政治协商会议，宣告中华人民共和国（当时称中华人民民主共和国）成立，组织中央政府，并通过共同纲领等。显然，随着三大战役的结束，我党的工作重心正迅速地从打倒旧政权向建立新国家转移。

正值中共中央谋划新中国蓝图之际，发生了一件与之相关并具有重要影响的事件。1949年初，苏共中央政治局委员米高扬奉斯大林之命对西柏坡进行访问。在西柏坡，米高扬与中共领导人进行了历时7天的会谈。尽管米高扬宣称自己只是带着耳朵来听的，但他与中共领导人接触之广泛、谈话之深入，在中苏两党交往史上尚属首次。通过会谈，中苏双方领导人初步了解了彼此的立场、观点和要求，会谈取得的成果为后来中苏结成同盟奠定了重要基础。在会谈中，毛泽东、刘少奇、朱德、周恩来、任弼时等中共中央领导人应苏方的提议，系统介绍了中国的军事形势、新政协的召开、民主联合政府的组织、即将建立的新中国的设想及将要采取的方针、政策。这些会谈，实际上也体现了中共中央对即将建立的新中国的各项方针政策的系统思考。

从"九月会议"，到"一月会议"，中共中央广泛吸收各方面意见和智慧，高瞻远瞩地描绘新中国的宏伟蓝图。这些伟大的构想，包括新中国的政体、国体、内外方针政策等问题，在中共七届二中全会上形成全党共识。

毛泽东在西柏坡接见米高扬

西柏坡中央大院的西北角，是中央机关的大食堂。这几间平房，见证了著名的中共七届二中全会的召开。3月5日至13日，一场预示着中国革命即将发生伟大转变的重要会议如期举行。毛泽东主持了开幕会，并代表

中共七届二中全会会场

中共中央政治局作了报告。他着重论述了党的工作重心的战略转移及如何实现这一转移的问题。他指出，经过辽沈、平津和淮海三大战役后，敌我力量发生了根本变化，党的工作重心应该由乡村转向城市，实行由城市领导乡村的工作方式。然而这不等于可以丢掉乡村，仅顾城市。但是，党的工作重心必须放在城市。党必须用极大的努力学会管理城市和建设城市。

这次全会可以说是由战争向建设转变的开始。会议指出，中国革命在全国胜利后，我们要迅速恢复和发展生产，对付国外的帝国主义，使中国稳步地由农业国转变为工业国，由新民主主义国家转变为社会主义国家。为此，全会制定了党在政治、经济、外交等方面的方针政策。

在政治方面，国体和政体是建立新政权首要的问题。关于国体，在"九月会议"上，毛泽东明确提出了要"建立无产阶级领导的以工农联盟为基础的人民民主专政"。关于政体，毛泽东坚持一贯的思想，认为中央和地方各级政府，都应该采取民主集中制的人民代表会议制度。

在经济方面，会议科学地分析了革命胜利后我国的社会经济成分，认为国营经济、合作社经济、私人资本主义经济、个体经济和国家资本主义经济构成新民主主义的经济形态，将是新中国的几种主要经济成分，并制定相应的政策。第一，必须没收官僚资本归人民共和国所有，使这部分经济成为社会主义性质的国营经济，成为整个国民经济的领导力量。坚持国营经济在整个国民经济中的领导地位，从整体上保证新民主主义经济的社会主义方向。第二，对于私人资本主义经济，必须采取既利用又限制的政策。第三，对于占国民经济90%左右的农业和手工业经济，必须谨慎地、逐步地而又积极地引导它们通过合作社的形式，向着集体化和现代化的方向发展。

在外交方面，必须坚持独立自主的外交政策。毛泽东在报告中指出："不承认国民党时代的任何外国外交机关和外交人员的合法地位，不承认国民党时代的一切卖国条约的继续存在，取消一切帝国主义在中国开办的宣传机关，立即统制对外贸易，改革海关制度，这些都是我们进入大城市的时候所必须首先采取的步骤。"毛泽东将之形象比喻为"另起炉灶"。关于帝国主义对新中国的承认问题，毛泽东指出："我们是愿意按照平等原则同一切国家建立外交关系的，但是从来敌视中国人民的帝国主义，决不能很快地就以平等的态度对待我们，只要它们一天不改变敌视的态度，我们就一天不给帝国主义国家在中国以合法的地位。"毛泽东把它比喻为"打扫干净屋子再请客"。

在会议上，毛泽东明确指出：召集政治协商会议和成立民主联合政府的一切条件均已成熟，一切民主党派、人民团体和无党派民主人士都站在我们方面。他特别强调，我党同党外民主人士长期合作的政策，必须在全党思想上和工作上确定下来。

为了担负起新的历史重任，毛泽东告诫全党，夺取全国胜利，只是万里长征走完了第一步。中国革命以后的路更长，工作更伟大、更艰苦。毛泽东有预见性地提出了防止"糖衣炮弹"进攻的重大问题，并进一步阐述了"两个务必"的重要思想，要求全党务必继续保持谦虚、谨慎、不骄、不躁的作风，务必继续保持艰苦奋斗的作风。

会议听取并讨论了毛泽东的报告，批准1945年6月党的七届一中全会以来中央政治局的工作，批准由中国共产党发起的关于召开新的政治协商会议及成立民主联合政府的建议，批准毛泽东关于以八项条件作为与国民党南京政府进行和平谈判的基础的声明，并根据毛泽东的报告通过了相应决议。会议决定在北平召集政治协商会议，成立联合政府。

这是中国人民革命取得全国胜利前夕召开的一次极其重要的会议。会议描绘了新中国的宏伟蓝图，确定了新中国的大政方针。这次会议和毛泽东于6月30日发表的《论人民民主专政》，为促进和迎接全国胜利的到来、推动和发展新中国的各项建设事业，提供了政治上、思想上和理论上的准备。中共中央带着这幅描绘了新中国"四梁八柱"的蓝图，从山村西柏坡走向古都北平。

三月时节，万物复苏。满怀胜利喜悦的毛泽东将率领中共中央迁往北

1949年3月25日，民主人士到西苑机场欢迎毛泽东一行抵达北平

平，迎接中华大地的新生。3月23日，毛泽东依依不舍地离开西柏坡这个小山村。现在，就要整理行装再出发，为了更加光明的未来！

临行之际，毛泽东意味深长地对周恩来说："今天是进京的日子，进京赶考去。"

周恩来笑答："我们应当都能考试及格，不要退回来。"

毛泽东自信地说："退回来就失败了。我们决不当李自成，我们都希望考个好成绩。"

3月25日下午，在北平的各界代表1000多人聚集在西苑机场，热烈欢迎毛泽东、刘少奇、朱德、周恩来、任弼时等中共中央领导人。毛泽东一行来到民主人士的欢迎行列，与李济深、沈钧儒、陈叔通、黄炎培、郭沫若、马叙伦、傅作义等握手致意。随后，伴着高昂雄壮的《解放军进行曲》，毛泽东等中共中央领导人在第四野战军参谋长、阅兵总指挥刘亚楼的陪同下，检阅了英雄的人民军队。阅兵结束后，中共中央领导人与民主人士及各界代表合影留念。这是团结、胜利的象征，是共同迎接美好、辉煌的开始。

香山，位于北平西北郊西山东麓，距京城约 20 公里。为安全考虑，到达北平后，中共中央确定香山为中共中央、解放军总部驻地，对外则称"劳动大学"。坐落在香山南麓半山腰的双清别墅，是乾隆御题的香山二十八景之一，原为北洋政府国务总理熊希龄的住所。毛泽东暂住此处。别墅前有一座小巧玲珑的六角红亭，两棵参天的古银杏树挺拔高耸，翠竹林里两股泉水清可见底。从别墅西门出去，有一条约 100 米的山径通往来青轩，那里是朱德、刘少奇、周恩来、任弼时的临时住所。

毛泽东在香山双清别墅住了半年时间。其间，毛泽东会见了黄炎培、李济深、张澜、沈钧儒、陈叔通、何香凝、马叙伦、李达、柳亚子、陈嘉庚等民主人士及来北平参加和谈的国民党代表张治中等人，进一步凝聚了人心，巩固了统一战线。

"向全国进军"

1949 年 1 月 21 日，迫于内外压力，蒋介石宣布引退，由李宗仁任代总统。在美国的支持下，以李宗仁为首的国民党地方势力积极进行"谋和"活动。对此，中共中央采取针锋相对的策略，通过各种渠道做民主党派代表人物的思想工作，使广大群众不受美帝及国民党的欺骗，尤其注意争取中间分子。1 月 27 日，李宗仁致电毛泽东，表示愿意以八项条件作为和谈的基础。

4 月 1 日，以周恩来为首席代表的中共代表团，与以张治中为首席代表的南京代表团开始谈判。李宗仁虽然公开表示愿意以八项条件作为谈判的基础，但实际上想保存国民党的政府与军队，占有江南数省，以期东山

和平谈判现场

再起。李宗仁在台上进行和谈活动，蒋介石则在台下加紧扩军计划。

4月13日，谈判双方在中南海勤政殿举行第一次正式会谈。中共在八项条件原则基础上提出了《国内和平协定》草案。谈判的中心问题是接收和改编。这两条是关系到人民革命能否进行到底的根本问题，不能妥协。

为了尽量争取以和平方法解决，中共在其他问题上作了许多让步。

4月15日晨，毛泽东为中共中央起草致总前委的电文指出："和平谈判决以四月二十日（卯哿）为限期，本（十五）日即向南京代表团宣布，彼方是否签字，必须在该日以前决定态度，该日以后我军即须渡江。"当天，谈判双方召开第二次正式会议。会上，中共代表宣布了定稿的《国内和平协定》。中共提出，谈判以4月20日为限期，南京政府是否愿意签字，须在此前表态。

4月16日，南京代表团派成员黄绍竑、屈武携《国内和平协定》修正案飞回南京，希望南京政府接受这一协定。4月20日晚，国民党当局拒绝在《国内和平协定》修正案上签字，并反对渡江。历时20天的和谈宣告破裂。

4月21日，毛泽东主席、朱德总司令向人民解放军发出《向全国进军的命令》，命令人民解放军奋勇前进，"坚决、彻底、干净、全部地歼灭中国境内一切敢于抵抗的国民党反动派"。各民主党派、人民团体的代表人物李济深、沈钧儒、章伯钧等纷纷发表谈话，拥护渡江命令。

4月20日夜至21日，在以邓小平为书记的渡江前委统一指挥下，中国人民解放军第二野战军、第三野战军先后发起渡江作战。在西起湖口、东至江阴的千里战线上，百万雄师分三路以排山倒海之势，一举突破国民党陆、海、空军组成的长江防线，把胜利的旗帜插在长江南岸。中国人民的百万大军完成了历史上空前的雄伟壮举。4月23日，人民解放军一举攻占国民党政府所在地南京。南京的解放，宣告国民党反动统治的覆灭。

人民解放军占领南京"总统府"

　　毛泽东闻讯，在双清别墅兴奋地写下那首脍炙人口的《七律·人民解放军占领南京》，表达了解放全中国的必胜信心：

1949年4月，毛泽东阅看有关南京解放的报纸

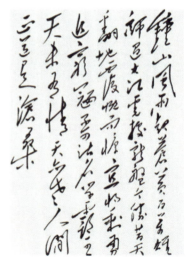

毛泽东手书《七律·人民解放军占领南京》

钟山风雨起苍黄，百万雄师过大江。

虎踞龙盘今胜昔，天翻地覆慨而慷。

宜将剩勇追穷寇，不可沽名学霸王。

天若有情天亦老，人间正道是沧桑。

渡江战役是人民解放军向全国进军作战的伟大起点。此后，人民解放军一鼓作气，以摧枯拉朽之势夺取了上海、杭州等大城市，并进军中南、西北、西南，以战斗或和平方式迅速解决残余敌人，完成了大陆及部分岛屿的解放。中国的前途和命运从此彻底掌握在人民的手中。

第四章　开天辟地

现在的中国人民政治协商会议是在完全新的基础之上召开的，它具有代表全国人民的性质，它获得全国人民的信任和拥护。因此，中国人民政治协商会议宣布自己执行全国人民代表大会的职权。……我们的工作将写在人类历史上，它将表明，占人类总数四分之一的中国人从此站立起来了！

——毛泽东在中国人民政治协商会议第一届全体会议开幕会上的讲话

中国将如太阳升起在东方

1949 年 6 月 15 日——一个富有历史意义的日子终于到来了。新政治协商会议筹备会在中南海勤政殿成立，由中国共产党和各民主党派、各人民团体和无党派民主人士、各区域 23 个单位和 134 位代表组成。这是一个伟大事件的开端，中国历史正式揭开新的一页。

由新政协径直产生中央人民政府，是建立新中国、新政权程序上的重要调整。"五一口号"曾设想，先召开政治协商会议，再实现和召集人民

1949 年 6 月 15 日，新政协筹备会第一次全体会议在北平中南海勤政殿召开

代表大会，成立民主联合政府。东北局组织民主人士座谈时，章伯钧、蔡廷锴主张新政协即等于临时人民代表会议，即可产生临时中央政府。中共中央基本采纳了这个建议。毛泽东在 1949 年新年献词中提出，"1949 年将要召集没有反动分子参加的以完成人民革命任务为目标的政治协商会议，宣告中华人民共和国的成立，并组成共和国的中央政府"。这一建国程序的调整，是中国共产党领导各民主党派、各人民团体协商建立新中国的又一重要成果，也意味着新政协将承担更加光荣的历史使命。

下午 19 时 40 分，毛泽东、朱德偕同李济深、沈钧儒等代表进入会场。新政协筹备会开幕会由中共中央政治局委员、中央书记处书记、中央军委副主席周恩来担任临时主席。周恩来宣布："新的政治协商会议筹备会开幕！"会场爆发出热烈的掌声。

中共中央主席毛泽东首先代表中国共产党致辞。他指出：筹备会的任务是"完成各项必要的准备工作，迅速召开新的政治协商会议，成立民主联合政府，以便领导全国人民，以最快的速度肃清国民党反动派的残余力量，统一全中国，有系统有步骤地在全国范围内进行政治的、经济的、文化的和国防的建设工作"。毛泽东豪情万丈地表示："中国人民将会看见，中国的命运一经操在人民自己的手里，中国就将如太阳升起在东方那样，以自己的辉煌的光焰

毛泽东在新政协筹备会上致辞

普照大地，迅速地涤荡反动政府留下来的污泥浊水，治好战争的创伤，建立名副其实的人民共和国。"

开幕会上，中国人民解放军总司令朱德、民革中央主席李济深、民盟中央常委沈钧儒、无党派人士代表郭沫若、产业界代表陈叔通、华侨代表陈嘉庚等先后发表演讲，响应毛泽东的号召，表明建立新政权的决心。

新政协筹备会成立大会即第一次全体会议，为期5天。6月16日，周恩来在会上作了《新政协筹备会组织条例》（草案）的报告。会议讨论并通过《新政协筹备会组织条例》，通过了新政协筹备会常务委员共21人的名单。

当晚，新政协筹备会常务委员会在中南海勤政殿召开第一次会议，推选毛泽东为主任，周恩来、李济深、沈钧儒、郭沫若、陈叔通为副主任；

1949年6月，新政协筹备会常务委员在中南海合影。左起：谭平山、周恩来、章伯钧、黄炎培、林伯渠、朱德、马寅初、蔡畅、毛泽东、张奚若、陈叔通、沈钧儒、马叙伦、郭沫若、李济深、李立三、蔡廷锴、陈嘉庚、乌兰夫、沈雁冰。

李维汉为秘书长（8月下旬，由于李维汉跌伤，林伯渠代理此职）。

为了迅速完成召开新政协及建立民主联合政府的各项必要准备，筹备会决定在常委会领导下设立6个小组，分别承担拟定参加新政治协商会议之单位及其代表之人数、起草新政治协商会议组织条例（后改为政协组织法）、起草新政治协商会议共同纲领、起草中华人民民主共和国政府方案（后改为政府组织法）、起草宣言、拟定国旗国徽国歌方案任务。

筹备会成立大会闭幕后，一切筹备工作继续由常委会和上述小组负责。筹备重点放在3个方面：拟定《新政治协商会议共同纲领》及两个组织法等文件；推动并促成全国社会科学、自然科学、教育、新闻等人民团体的筹建，协助全国文学艺术工作者联合会成立；根据筹备会首次全体会议所通过的《关于参加新政治协商会议的单位及其代表名额的规定》，协商各单位的代表名单。

根据规定，参加新政协的代表共分4类。第一类是党派性的；第二类是区域性的，包括已解放了的地区和待解放的地区；第三类是中国人民解放军；第四类是人民团体。另外还设了一个"特别邀请"单位。

在第一类党派性中，筹备会确定的新政协各党派单位共14个，除了中共和在香港公开响应"五一口号"的九个民主党派、无党派民主人士外，增加了九三学社、台湾民主同盟（台盟）、新民主主义青年团三个单位。

为什么将"无党派民主人士"归为党派这一类，周恩来专门解释说，无党派民主人士是在中国革命的具体历史条件下发展形成的。有一批人如郭沫若、马寅初、李达、符定一等，虽然没有组织一个政党或者政治团体，但却领导着很大一批民主人士，联系许多方面的人奋斗着。他们中的一些人作为"社会贤达"参加了旧政协。但有些"社会贤达"后来参加了国民党的"国民大会""国民政府"，郭沫若等民主人士就对"社会贤达"这个名称很反感，在响应"五一口号"时用了"无党派民主人士"这个称谓。周恩来强调，"这一部分人士，也是长期参加民主政治活动，参加反对帝国主义、封建主义和官僚资本主义的斗争的"。"所以从广义上说，这就是一种党派性的活动"，他们是"没有党派组织的有党派性的民主人士"。

参加会议的政协代表，将是新中国的开国者。协商推选政协代表意义重大、迫在眉睫。筹备会制定了两条原则：坚持严肃的政治标准和广泛的代表性。

经过反复协商，最终确定了参加新政协的代表名单。党派、区域、军队、团体这4类共45个单位，正式代表510人，候补代表77人；特邀代表75人；共计662人。这个名单体现了广泛的代表性。费孝通形容道：

> 在会场上我看见很多人，有穿制服的、穿工装的、穿短衫的、穿旗袍的、穿西服的、穿长袍的，甚至还有一位戴瓜皮帽的。这些一看就知道是身份不同的人物，能够聚在一起开会，讨论建国大事。

筹备会期间，新政协的名称有一个表述上的重大变化：将"新政治协商会议"改为"中国人民政治协商会议（人民政协）"。在讨论政协组织法时，周恩来提出，统一战线组织的名称需要固定一下。在人民民主国家需要统一战线，即使在社会主义时期，仍然有与党外人士的统一战线。要合作就要有各党派统一合作的组织，这个组织就叫"中国人民政治协商会议"，要长期存在。毛泽东也曾就此名称与各民主党派主要负责人进行协商，取得了一致意见。

9月17日，新政协筹备会第二次全体会议召开。这次会议审议并基本通过召开政协正式会议所必需的重要文件：《中国人民政治协商会议组

周恩来在新政协筹备会上作报告

织法》草案，《中国人民政治协商会议共同纲领》草案，《中华人民共和国中央人民政府组织法》草案。关于起草《会议宣言》草案及拟定国旗、国徽图案及国歌词谱建议案等两项工作，因尚未完成，会议决定将之移交给人民政协第一届全体会议。会议批准了筹备会常委会关于筹备工作情况的报告。

　　经过 3 个月的紧张工作，新政协筹备会常委会共举行了 8 次会议，研究决定新政协准备工作的重要事项。各项文件在定稿以前，均经常委会、起草的各小组、在北平的筹备会代表和陆续到达北平参加新政协的代表们反复研究、缜密商讨。9 月 20 日，常委会第 8 次会议研究决定，9 月 21 日 19 时在中南海怀仁堂召开中国人民政治协商会议第一届全体会议，并通过了全体会议议事日程、议事规则。新政协筹备会圆满完成历史使命。

中国人从此站立起来了

在万众瞩目和热切期盼中，中国人民政治协商会议第一届全体会议于1949年9月21日至30日在北京中南海怀仁堂召开。这是一次开天辟地的盛会。这次会议代行全国人民代表大会职权，为新中国诞生作了全面准备。会议通过了具有临时宪法性质的中国人民政治协商会议共同纲领和中国人民政治协商会议组织法、中华人民共和国中央人民政府组织法，作出关于国都、国旗、国歌、纪年的决议，选举产生政协全国委员会和中央人民政府委员会。

一个湖南乡音，把会议带向高潮

北平的秋天风轻云淡。1949年9月21日，这座千年古都，焕发了新的青春。中南海怀仁堂云集了600多位各界人士。中国共产党代表毛泽东、刘少奇、周恩来、朱德；特邀代表宋庆龄；民主党派和无党派人士代表李济深、张澜、黄炎培、沈钧儒、郭沫若、陈叔通、马叙伦、彭泽民、李章达、谭平山、蔡廷锴、陈其尤、许德珩、谢雪红；爱国华侨陈嘉庚、司徒美堂；文化名人梅兰芳、程砚秋；原国民党将领张治中、程潜、傅作义……一时间，九州方圆，华夏风云，都汇聚到了这个地方；千载岁月，百年奋斗，终于迎来了这个时刻。曾经沧海，大浪淘沙，数风流人物还看今朝。

当天，会场内外到处洋溢着热烈欢庆的气氛。主席台的正面悬挂着孙中山、毛泽东的巨幅画像，中间和两侧挂着中国人民政治协商会议的会徽和中国人民解放军的军旗。四周挂满了全国各人民团体、各部队和各地区

中国人民政治协商会议第一届全体会议会场

的贺幛和锦旗。

毛泽东、朱德、李济深、沈钧儒、郭沫若担任当天大会的执行主席。

下午19时26分，中国人民政协筹备会常务委员会主任、大会执行主席毛泽东庄严宣布："全国人民所渴望的政治协商会议开幕了！"

顿时，《中国人民解放军进行曲》军乐奏响！

54响礼炮轰鸣！

场内掌声如潮！

毛泽东用他那洪亮又纯厚的湖南口音致开幕词。毛泽东首先介绍了战争形势和会议背景。他说，在三年多的时间内，英勇的世界上少有的中国人民解放军，战胜了美国援助的国民党反动政府所有的数百万军队的进攻，并使自己转入反攻和进攻。现在，中国人民的大多数已经获得了解放，取得了基本的胜利。在这个基础上，召开了今天的人民政治协商会议。我们的会议之所以称为政治协商会议，是因为三年以前我们曾和蒋介石国民党一道开过一次政治协商会议。那次会议的结果是被蒋介石国民党及其帮凶们破坏了，但是已在人民中留下了不可磨灭的印象。中国人民在中国共产党的领导之下，在三年多的时间内，很快地觉悟起来，并且把自己组织起来，基本上打倒了国民党反动政府，推翻了帝国主义在中国的统治，恢复了政治协商会议。

毛泽东明确提出了此次会议的性质和任务：现在的中国人民政治协商会议是在完全新的基础之上召开的，它具有代表全国人民的性质，它获得全国人民的信任和拥护。因此，中国人民政治协商会议宣布自己执行全国人民代表大会的职权。中国人民政治协商会议在自己的议程中将要制定中国人民政治协商会议的组织法，制定中华人民共和国中央人民政府的组织法，制定中国人民政治协商会议的共同纲领，选举中国人民政治协商会议的全国委员会，选举中华人民共和国中央人民政府委员会，制定中华人民共和国的国旗和国徽，决定中华人民共和国国都的所在地以及采取和世界大多数国家一样的年号。

毛泽东豪迈地说：诸位代表先生们，我们有一个共同的感觉，这就是我们的工作将写在人类的历史上，它将表明：占人类总数四分之一的中国人从此站立起来了。

毛泽东指出了今后的主要任务：全国规模的经济建设工作业已摆在我们面前。我们面前的困难是有的，但是我们确信：一切困难都将被全国人民的英勇奋斗所战胜。随着经济建设的高潮的到来，不可避免地将要出现一个文化建设的高潮，中国人民被认为不文明的时代已经过去了，我们将以一个具有高度文化的民族出现于世界！

最后，毛泽东表示：让那些内外反动派在我们面前发抖吧，让他们去说我们这也不行那也不行吧，中国人民的不屈不挠的努力必将稳步地达到自己的目的。

毛泽东的讲话博得与会代表阵阵掌声。18分钟的报告中，共计41次鼓掌。毛泽东充满激情的声音在怀仁堂回荡。代表们无不动容，深受鼓舞。有的泪花闪烁，有的拳头紧握。

刘白羽对当时的场景作了这样的记述：

> 整个会场静得很，只有一个声音，一个带有湖南乡音的声音，那样洪亮，那样坚定……他的讲话不断地为热烈的掌声所打断，当他一只手拿着讲演稿，另一只手臂高高扬起，高呼"在人民解放战争和人民革命中牺牲的人民英雄们永垂不朽"时，我的眼睛一下充满泪水，正是这燃起中国革命火种的人，在会议一开始，就掀起一个热潮，一个高峰。

中共代表刘少奇、特邀代表宋庆龄、民革代表何香凝、民盟代表张澜、解放区代表高岗、人民解放军代表陈毅、民建代表黄炎培、全总代表李立三、特邀代表赛福鼎、特邀代表张治中、特邀代表程潜、华侨代表司徒美堂等相继在开幕会上讲话。

刘少奇表示：中国人民政治协商会议第一届全体会议的召开，标志着中国的历史进入一个完全新的时代——人民民主时代。中国共产党一定要为人民政治协商会议的成功及其发展和巩固而进行不懈的努力。

宋庆龄讲话说：我们达到今天的历史地位，是由于中国共产党的领导。这是唯一拥有人民大众力量的政党。孙中山先生的民族、民权、民生三大主义的胜利实现，因此得到了最可靠的保证。

何香凝代表民革讲话。她说：20年来毛主席的坚强奋斗，刻苦耐劳，凡此一切都证明毛主席的新三民主义是比我们所信仰的革命的三民主义来得更妥善些，要来得彻底些。

民盟代表张澜讲话指出：用政治协商的方式，建立人民自己的政权，组织人民自己的政府，这不只是中国历史上一件光荣的大事，这也是世界人类史上值得永远纪念的一个光荣的日期。

民建代表黄炎培在讲话中，把新中国比喻成为一所新建的大厦，题名是中华人民共和国。用这一比喻，他形象地描述了新中国的领导力量、政权基础、指导思想和奋斗目标。

会议代表充溢着胜利者的豪情。他们对中国人民政治协商会议的召开表示由衷的祝贺，对新生的共和国充满期待！

制定新中国的临时宪法

《中国人民政治协商会议共同纲领》（《共同纲领》）是新中国成立历史上一份非常重要的文献。它解决了要建立一个什么样的新中国、如何建立新中国等一系列极其重大的问题，实际上起着临时宪法的作用。制定

《共同纲领》关乎立国之基。在毛泽东、周恩来的直接领导下，起草工作从 1948 年 10 月开始，到 1949 年 9 月提交中国人民政治协商会议第一届全体会议审议，一年时间，三次起稿，三次命名。经过多轮协商，政协代表不负使命，完成了这项经国之大业、不朽之盛事。

推翻一个旧政权，实践证明中国共产党成功了。建立一个新生的人民政权，确是一项前无古人的事情。中国国情决定了这也是一件无法模仿复制的事业。在战争尚且继续，新情况新问题尚较复杂，思想认识尚未达到高度统一的情况下，制定一个各党派各阶层各团体共同遵循的共同纲领，既是必要的也是不易的。

1948 年 10 月初，中共中央开始着手起草《共同纲领》，由中央统战部部长李维汉主持。第一次起稿的名称为《中国人民民主革命纲领（草案）》。这一稿，规定了即将诞生的新中国应实行的最基本的纲领和政策，体现了中国共产党长期以来形成的新民主主义建国思想，也为后来的稿本提供了基本的框架。

初稿完成后，经过各方面的修改，11 月形成了第一次起稿的第二稿。第二稿分为人民解放战争的历史任务、建立人民民主共和国的基本纲领、战时具体纲领三大部分，偏重于动员各方力量支援人民解放战争，带有明显的政治宣言性质。

1949 年 6 月新政协筹备

李维汉带领起草的《中国人民民主革命纲领草稿》

第三小组商讨《共同纲领》起草事宜

会成立后，筹备会第三小组负责起草《共同纲领》，并由周恩来亲自担任组长，九三学社负责人许德珩任副组长。在第三小组成立会上，周恩来强调：1948年工作重心在动员一切力量参加和支援解放战争，现在重点却在建设新民主主义中国，以及肃清反动残余。因此，会议决定重新起草《共同纲领》。

第三小组会议决定，继续委托中共方面再次起草《共同纲领》初稿。起草工作按照政治法律、财政经济、国防外交、文化教育、其他共5个小组进行专门论证。在参加新政协筹备会的23个单位中，有8个民主党派和团体提交了政治纲领和政治主张。

鉴于《共同纲领》事关全局、影响重大，经毛泽东同意，周恩来暂时放下千头万绪的事务，把自己关在中南海勤政殿里，亲自执笔起草《共同纲领》。一个星期后，终于完成了初稿。

这份初稿除简短的序言外，分为一般纲领和具体纲领两大部分。一般纲领规定了新民主主义国家的国家制度、政治制度，以及国防、经济、文化、国际关系等；具体纲领分"解放全中国、政治法律、财政经济、文化教育、国防、外交侨务"6个部分，共45条。

在《共同纲领》的起草过程中，毛泽东为之倾注了大量心血，以力求它能"照顾四面八方的利益"，能使"每一个方面都会赞成"，成为共同的政治基础和可行的施政大纲。

1949年八、九月份，新政协筹备的各项工作已进入倒计时。随着筹备工作的推进，对若干重大问题有了进一步深入的认识。9月初，《共同纲领》第三次起稿。与第二次起稿相比，名称、结构、内容都做了重大调整。在名称上，改为《中国人民政治协商会议共同纲领》。在结构上，不再分一般纲领和具体纲领。这样，形成的草案在"序言"后平列"总

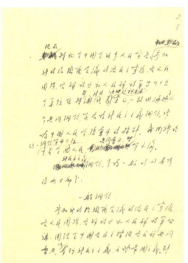

周恩来起草的《新民主主义纲领（草稿初稿）》

纲""政权机关""军事制度""经济政策""文化教育政策""民族政策""外交政策"7章，共60条。字数也从12000多字精减为7000多字。

　　《共同纲领》在起草过程中，广泛征求意见，集中各方智慧。周恩来

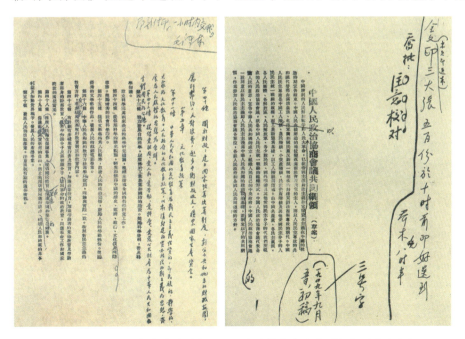

1949年9月3日，毛泽东修改的《中国人民政治协商会议共同纲领（草案）》

在报告《共同纲领》草案起草经过时说："初稿写出后，除各单位自己讨论不计外，经过七次的反复的讨论和修改。计由先后到达北平的政协代表五六百人分组讨论两次，第三组本身讨论三次，筹备会常务委员会讨论了两次。"在讨论中，代表们畅所欲言，有旁征博引，有据理力争，提出的意见建议不计其数。通过集思广益，在一些重大问题上逐渐取得共识。

人民政协第一届全体会议开幕后，即成立6个整理委员会，收集汇总代表们的重要意见建议。周恩来继续担任共同纲领草案整理委员会的召集人。9月28日下午，各单位及整理委员会分别举行会议，讨论《共同纲领（草案）》。9月29日下午，中国人民政治协商会议第一届全体会议一致通过《中国人民政治协商会议共同纲领》。

《共同纲领》作为新中国的奠基性文件，发挥临时宪法作用，指明了中国人民行动的方向。张澜、沈钧儒、郭沫若等代表都将之称为新中国的人民大宪章。《共同纲领》反复讨论、数易其稿的过程，展现一幅政治协商的长

会议通过的《中国人民政治协商会议共同纲领》

轴画卷。这一过程融合了中国共产党和党外民主人士的智慧，是全国人民意志和利益的集中体现，也是发扬民主协商精神的生动写照。

人民政协第一届全体会议通过的重要文件，还有《中国人民政治协商会议组织法》《中华人民共和国中央人民政府组织法》。这两个文件分别由筹备会第二、四小组负责起草，并提交会议讨论。经过广泛征求意见，9 月 27 日下午，大会通过了这两个文件。政协第一届全体会议的召开以及《中国人民政治协商会议组织法》的通过，标志着中国人民民主统一战线在组织上的形成。在普选的全国人民代表大会召开以前，中国人民政治协商会议全体会议将代表全国人民的意志，代行全国人民代表大会的职权，而在人民代表大会召开以后，仍将长期存在，成为各民主党派、各人民团体团结的形式和协商的机关。《中华人民共和国中央人民政府组织法》规定了新中国中央人民政府委员会、政务院、人民革命军事委员会、最高人民法院和最高人民检察署的组成和职权，为人民政权的组建提供了重要法律规范。

确定新中国的国名

中国共产党一经成立，就为建立一个崭新的国家而奋斗。"民主"与"共和"一直是中国共产党建国的重要价值取向。1948 年 8 月 1 日，毛泽东在给响应"五一口号"的各民主党派复电中，提出要"建立独立、自由、富强和统一的中华人民民主共和国"。此后，在新政协筹备的一段时间内，沿用了"中华人民民主共和国"这个名称。

国家称号关乎国体。出席新政协筹备会的一些代表对"中华人民民主共和国"这个名称提出了不同意见。黄炎培、张志让专门给新政协筹备会写了一个《提议国名定为"中华人民民主国"简称"中华民国"或"中华民主国"》的条陈。条陈提出，我国国名似可将原拟"中华人民民主共和国"改为"中华人民民主国"，简称"中华民国"或"中华民主国"。

黄炎培、张志让的部分建议

　　新政协筹备会第四小组在讨论政府组织法草案时，张奚若提出：我看叫中华人民共和国比叫中华人民民主国好。有人民二字就可不要民主二字。焉有人民而不民主哉？

　　筹备会接受了张奚若的建议，将国家名称改为"中华人民共和国"。1949年9月22日，在人民政协第一届全体会议上，董必武解释了这个问题。他说：因为共和国说明了我们的国体，"人民"二字在今天新民主主义的中国是指工、农、小资产阶级和民族资产阶级，这"已经把人民民主专政的意思表达出来，不必再把'民主'二字重复一次了"。

第四小组商讨中央人民政府组织法起草事宜

　　新政协筹备会确定了"中华人民共和国"作为新中国的名称。然而，在提交人民政协第一届全体会议的文件中，共同纲领和政府组织法中的国号即"中华人民共

"和国"之后，都带着一个括号，里面写着"简称中华民国"六个字。是否应去掉原稿中的"简称中华民国"呢？

尽管会务繁重，周恩来还是于9月26日上午11时半，在东交民巷六国饭店举行宴会，邀请20多位政协代表参加。他们大多是70岁上下的老者，有张元济、何香凝、周善培、符定一、马寅初、徐特立、吴玉章、张澜、黄炎培、简玉阶、陈叔通、沈钧儒、陈嘉庚、司徒美堂、林伯渠、张难先、郭沫若、沈雁冰。

宴会之前，周恩来先讲了开场白。他说：今天请来赴宴的，都是辛亥革命时期的长辈……我国有句老话，叫作"请教长者"，今天的会就是如此。在讨论文件时，各位看见国号"中华人民共和国"之下，有一个简称中华民国的括号。这个简称，有两种不同意见，有的说好，有的说不必要了。常委会特叫我来请教老前辈，看看有什么高见。老前辈对"中华民国"这四个字，也许还有点旧感情。

黄炎培首先发言说：我国老百姓教育很落后，感情上习惯用中华民国。一旦改掉，会引起不必要的反感，留个简称，三年之后再去掉，并无不可。

辛亥革命老人、72岁的何香凝接着说：中华民国是孙中山先生革命的一个结果，是用许多烈士鲜血换来的。关于改国号问题，我个人认为，如果能照旧用它，也是好的；大家不赞成，我就不坚持我的意见。

随后发言的周善培，是位前清进士，在辛亥革命后隐居38年之久。他态度坚决地反对用简称，说：我反对仍要简称，什么中华民国，这是一个群众对它毫无好感的名称。20年来更是被蒋介石弄得不堪言状了。我主张就用中华人民共和国，表示此次人民革命和辛亥革命的性质各不相同。

81岁高龄的美洲侨领司徒美堂听不懂北方话，由秘书司徒丙鹤陪同参加新政协。这次，也由司徒丙鹤把别人的发言译给他听。听到此，司徒美堂猛地站起来，要求发言。宴会厅里静下来了，只听他说：我也是参加辛亥革命的人，我尊敬孙中山先生，但对于中华民国四个字，则绝无好感。他激动地说：我们试问，共产党所领导的这次革命是不是跟辛亥革命不同？如果大家认为不同，那么我们的国号应叫中华人民共和国，抛掉中华民国的烂招牌。我坚决反对什么简称，坚决主张光明正大地用中华人民共和国。司徒美堂的这番话，慷慨激昂，掷地有声。言毕，大厅里顿时响起一阵热烈的掌声。

马寅初立即表示赞同，并说：括号中的简称不伦不类，不像话，应该去掉！

张澜、陈叔通也表示反对用简称。

这时，法律专家沈钧儒又从法律角度作了阐释：如果有些群众还要写中华民国，那是他们的一时之便，我们也不必明令禁止。至于堂堂的立国文件里加上简称中华民国的括号，这的确是法律上的一个大漏洞。所以我也主张不用那个"简称中华民国"。

陈嘉庚发言说：我也不同意用括号里的简称。大家对中华民国决无好感，落后的人可能一时不会习惯，但过些时候就会好的。他的厦门话，旁人听不懂，由秘书庄明理翻译成普通话。

当天发言者18人，有16人主张不用简称。

最后，周恩来表示，要把大家发表的意见综合报给大会主席团常委会参考，并由主席团常委会作出最后决定。

9月27日下午，中国人民政协第一届全体会议决定去掉国号里面"中华民国"的简称，确定新中国的国名为：中华人民共和国。

确定新中国的标志性符号

国旗、国徽和国歌是新中国的象征和标志。筹备会第六小组负责拟定国旗、国徽和国歌方案。1949年7月4日第六小组举行第一次会议，决定公开征集国旗、国徽图案及国歌词谱，并发布征集启事。

征集启事得到社会各界的热烈响应。投稿者有工、农、商、学、兵各个阶层以及一些学者、艺术家和高级领导干部。至 8 月 20 日，收到国旗稿件 1920 件、图案 2992 幅，国徽稿件 112 件、图案 900 幅，国歌 632 件，歌词、歌谱 694 首，意见书 24 封。

第六小组及参加两个初选委员会的专家对征集到的国旗、国徽图案和国歌词谱，进行多次讨论，形成初步意见。

关于国都，大家一致建议定都北平，改称北京。

关于国歌，鉴于短时间创作比较困难，建议在国歌未制定前，以《义勇军进行曲》为代国歌。

关于纪年，有以中华人民共和国纪元或以中华民国纪元等几种意见，后建议采用公元纪年。

关于国旗，应征方案最多，初选委员会将之大致分为 4 类。这几种方案，各有利弊，初选委员会和专家反复商议，从中选择了 38 幅，排列为复字第 1—38 号，提交审查委员会决定。

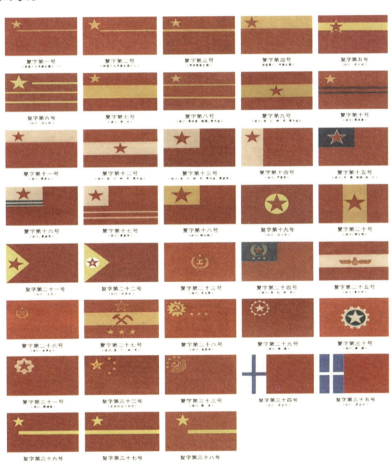

《国旗图案参考资料》复字第 1 号—38 号图案

　　关于国徽，大多数投稿者将其误认为是国标，绘有与国旗一样的图案，第六小组和专家认为皆不能用。后来，请美术家张仃、钟灵重新设计了几个国徽图案，印发了《国徽图案参考资料》。由于新政协筹备时间紧迫，经筹备会常委会同意，在这次大会上暂不决定国徽。

　　9月17日筹备会第二次全体会议上，常委会决定将拟定国旗、国徽、国歌的工作，移交人民政协第一届全体会议。

　　人民政协第一届全体会议召开后，政协代表在9月23日分11个组，对国旗、国都、纪年方案进行广泛讨论，并填写意见表。从汇总的情况报告看，关于国旗的讨论最为激烈，争议也最大。

　　第六小组推荐的"复字第三号"和"复字第四号"，尽管赞成的人数

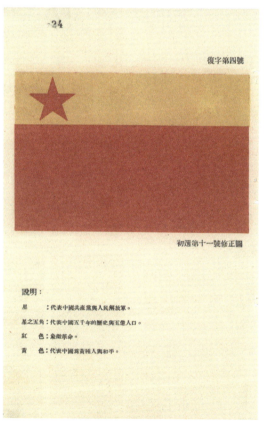

《国旗图案参考资料》复字第三、四号图案

比较多，但反对者的态度却非常坚决。主要认为这类图案有"分裂"之感，特别是当时南方还有一部分地区没有解放，有南北分家之嫌。于是，简洁、美观而含义深远的"复字32号"再次受到关注。

开国典礼在即，但国旗、国歌、国都等一些重大事项尚未达成共识。毛泽东、周恩来于9月25日晚上在中南海丰泽园召开国旗、国歌座谈会。

参加这次座谈会的名单均是经过毛泽东和周恩来亲自商定的。毛泽东还特意删去了几位中共党员代表的名字，添加上几位党外和文化界人士。郭沫若、沈雁冰、黄炎培、陈嘉庚、张奚若、马叙伦、田汉、徐悲鸿、李立三、洪深、艾青、马寅初、梁思成、马思聪、吕骥、贺绿汀出席了座谈会。

晚上20时，座谈会开始。毛泽东先拿着事先准备的大幅"复字第32号"五星红旗图案，开宗明义地说：过去我们脑子老想在国旗上画上中国特点，因此画上一条，以代表黄河。其实许多国家国旗也不一定有什么该国家特点。苏联之斧头镰刀也不一定代表苏联特征，哪一国也有同样之斧头镰刀。英美之国旗也没有什么该国特点。因此，我们这个图案表现我们革命人民大团结。现在要大团结，将来也要大团结。现在也好，将来也好，又是团结又是革命。毛泽东赋予了这幅五星红旗图案崭新的含义，得到大家一致赞同。

陈嘉庚说：我从东北回来就很关心国旗的问题，我完全赞同毛主席所讲的第32图案。

梁思成说：我觉得第32图很好，而且与军旗也相差不很大。多星代表人民大团结，红代表革命，表示革命人民大团结。

经过讨论，议定复字第32号图案作为国旗方案。

这一方案的原设计者曾联松当时是上海现代经济通讯社的一名普通职工，并无美术专业背景，仅在中央大学攻读经济学之余选修了美学。他早在1938年就加入了中国共产党，对新中国怀着满腔的热情。看到国旗征

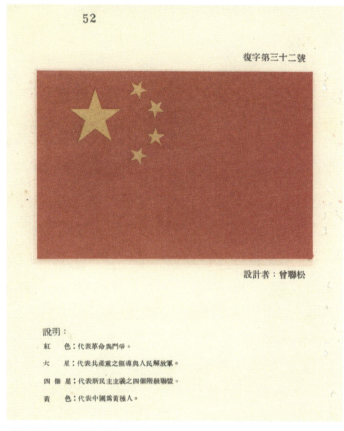

说明：

红　色：代表革命與鬥爭。

大　星：代表共產黨之領導與人民解放軍。

四個星：代表新民主主義之四個階級聯盟。

黃　色：代表中國爲黃種人。

《国旗图案参考资料》复字第 32 号

曾联松设计的国旗应征图案

稿启事之后，便埋头于设计之中。后来曾联松回忆说：我不是艺术家，也不是从事美术设计的，当时之所以不量力度德，亦不计工拙，想去设计国旗图案，实在是一种欢呼新中国诞生的喜悦，一种热切爱国的激情使然。

当天晚上，根据马叙伦的提议，座谈会又讨论了国徽、国歌、国都等问题。

关于国徽，鉴于大家对提交的图案均不满意，毛泽东说：国旗决定，国徽是否可慢一点决定。等将来交给政府去决定。

关于国都，大家都赞成建都北平。至于名称，黄炎培提议不改为好。毛泽东说，"还是改一个字好"，遂改名北京。

关于纪年，大家一

致同意采用世界公元纪年。

关于国歌，大家讨论也非常热烈。会议留下了这样一段记录：

马叙伦：我们政府就要成立，而国歌根据目前情况一下子制作不出来，是否我们可暂时用《义勇军进行曲》，暂代国歌。

×××（原记录如此——笔者注）：曲子是很好，但词中有"中华民族到了最后关头"（应为"中华民族到了最危险的时候"——笔者注）不妥。最好词修改一下。

1949年9月29日《人民日报》刊登的国歌曲谱

张奚若、梁思成：我觉得该曲是历史性的产物，为保持她的完整性，我主张曲词都不修改。

徐悲鸿：该进行曲只能暂代国歌。

郭沫若：我赞成暂用她当国歌。因为她不但中国人民会唱而且外国人民也会唱，但歌词修改一下好些。

黄炎培：我觉得词不改好些。

田汉：我觉得该曲是好的，但歌词在过去它有历史意义，现在应让位给新的歌词。这词并不是聂耳写的，我们因写完了一段词就被捕，因此就用聂耳名义发表。

周恩来：要么就用旧的歌词，这样才能鼓动情感，修改后唱起来就不会有那种情感。

毛泽东：改还是要改，但旧的还是要。

座谈会在与会者高唱的《义勇军进行曲》歌声中结束。

27日，马叙伦向人民政协第一届全体会议作了工作报告。大会讨论通过了中华人民共和国国都、纪年、国歌、国旗四个决议案。会议确定：

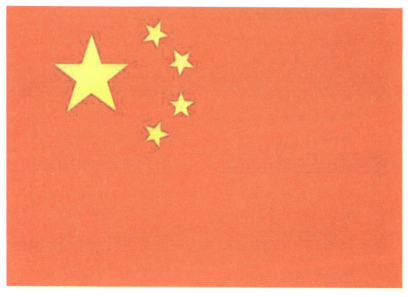

会议通过的五星红旗

中华人民共和国的国都定于北平。自即日起，改名北平为北京。

中华人民共和国的纪年采用公元。今年为一九四九年。

在中华人民共和国的国歌未正式制定前，以《义勇军进行曲》为国歌。

中华人民共和国国旗为五星红旗，象征中国革命人民大团结。

国徽是一个国家的重要标志。新中国成立后，由原第六小组成员继续承担拟制任务。第六小组邀请清华大学营建系（主要成员有梁思成、林徽因、莫宗江、汪国瑜、朱畅中、胡允敬、张昌龄、李宗津、高庄、罗哲文等）和中央美术学院（主要成员有张仃、张光宇、周令钊、钟灵等）分别进行国徽的设计工作。

清华大学小组经过努力，设计了新图案：以一个璧（或瑗）为主体，以国名、五星、齿轮、嘉禾为主要题材，以红绶穿瑗的结衬托而成图案的整体。这个图案里借鉴了中国传统文化因子，同时配之象征新民主主义政权的主题。

受开国大典的启发，张仃等人设计了一个以天安门为主体的国徽图案，替代原来的以地球为主体的图案。

1950年6月，即将召开的全国政协一届二次会议将要审议通过国徽图案。6月10日下午，全国政协一届常委会第八次会议在中南海召开，决定国徽修正案由梁思成设计修改。

第二天，马叙伦在全国政协主持召开国徽组会议，沈雁冰、张奚若、张仃、梁思成等出席。马叙伦首先发言说：全国政协常委会议决，采取国徽为天安门图案。对此，梁思成提出"国徽并非是一张图画，亦不是画一个万里长城、天安门等图式便算完事。其主要的是表示民族传统精神"。当晚，周恩来亲自约请梁思成，做了细致的说服工作，让他在清华大学组织教师，按政协常委会的要求进行修改，并提出国徽图案中一定要有天安门图像。

6月15日晚，马叙伦主持召开国徽组会议。会上，梁思成提出他们设

林徽因等人拟制的国徽图案

张仃等人设计的国徽方案

清华大学营建系绘制的有天安门元素的国徽图案

张仃修改后的国徽方案

计的新图案，并报告说："我们认为国徽悬挂的地方是驻国外的大使馆和中央人民政府的重要地方，所以他必须庄严稳重。"

张仃也重新修改了设计：红色齿轮，金色嘉禾，象征工农联盟；齿轮上方，置五角金星，象征工人阶级政党——中国共产党的领导。齿轮嘉禾下方结以红带，象征全国人民大团结，国家富强康乐。天安门——富有革命历史意义的代表性建筑物，是中国五千年文化，伟大、坚强、英雄祖国的象征。

国徽组对这两个图案进行讨论，最后决定："请梁先生再整理绘制。"

此时，全国政协一届二次会议已经开幕，国徽图样还未最终确定。时间急、任务重。梁思成带领清华大学营建系设计组，根据评委意见反复讨论、不断修改，于6月17日再次提交一稿国徽图案及设计书。这次设计以国旗和天安门为主要内容，以齿轮

清华大学修改后的国徽方案

和麦稻穗象征工农，以绶带系结齿轮和麦稻象征工农联盟。整个图案，大红的底色上，五颗金色的五角星，仿佛一面巨大的国旗悬挂在天幕上；在天安门正面图的衬托下，五星红旗显得更加壮观、庄严、辉煌！

国徽审查小组最终通过了清华大学营建系梁思成等人设计的国徽图案。

6月23日，毛泽东亲自主持会议。会议通过决议，同意国徽审查委员

毛泽东主持讨论国徽图案

会的报告和所拟定的国徽图案，并提请中央人民政府委员会核准公布。

6月28日，中央人民政府委员会第八次会议通过了全国政协一届二次会议提出的《中华人民共和国国徽图案及对设计图案的说明》。

国徽是要悬挂的。形成的图案还需进行设计塑造工作。这个任务落在清华大学高庄教授肩上。经过一个半月的辛勤工作，他设计的国徽模型获得通过。

9月20日，中央人民政府主席毛泽东发布《中央人民政府命令》："中国人民政治协商会议第一届全国委员会第二次会议所提出的中华人民共和国国徽图案及对该图案的说明，业经中央人民政府委员会第八次会议通过，特公布之。"同时公布了国徽及图案说明："国徽的内容为国旗、天安门、齿轮和麦稻穗，象征中国人民自'五四'运动以来的新民主主义革命斗争和工人阶级领导的以工农联盟为基础的人民民主专政的新中国的诞生。"

定型后，张仃带领人员赶制了第一枚木雕国徽，于1950年国庆前夕安装在天安门城楼上。1951年5月1日，沈阳第一机床厂精心制作的金属

经中央人民政府主席毛泽东批准的国徽模型

中华人民共和国国徽

国徽（铜铝合金）取代了木雕制品。高高悬挂在天安门城楼上的国徽，璀璨夺目，雄伟端庄。

选举产生政协全国委员会和中央人民政府委员会

1949 年 9 月 30 日下午，是人民政协第一届全体会议的最后一次大会。全体政协代表在中南海怀仁堂内进行两项庄严的选举，分别产生中国人民政治协商会议第一届全国委员会委员，中华人民共和国中央人民政府主席、副主席和委员。

根据《共同纲领》规定，中央人民政府是全国人民代表大会闭会期间行使国家政权的最高机关，在普选的全国人民代表大会召开以前，由人民政协全体会议执行全国人大职权，政协全国委员会则是人民民主统一战线组织和政治协商机构。中共中央高度重视候选名单遴选工作，反复与各党派各团体沟通，并提交政协代表深入讨论，充分体现民主协商精神。

在讨论中，有部分中共党员代表想不通，说怪话，发牢骚。他们说：

我们许多同志为革命出生入死，屡建战功，却没有当上政协委员，而那些原国民党起义将领，甚至有些还是被宣布为战争罪犯的人，却被邀请参加会议，并当选为政协代表，也跟我们坐在一起，商讨国家大事，这不成了"我们打天下，民主人士坐天下"吗？在六位中央人民政府副主席候选名单中，也有部分代表对个别候选人有不同程度的意见。对此，毛泽东、周恩来、刘少奇等中共中央主要领导人通过报告会、个别谈心、小组讨论等形式开展深入细致的思想工作，作出解释。后来，通过各方协商讨论，关于"两委"委员候选名单达成了共识。

9月30日下午，在庄严而热烈的气氛中，大会首先进行了政协全国委员会委员的选举。第一届中国人民政治协商会议全国委员会候选人名单180人，此外留出18个名额，以便将来容纳新解放地区的适当代表人物。

政协全国委员会的选举采取全体代表一起付表决形式。代表们一致通过了政协第一届全国委员会委员名单。之后在10月9日举行的政协第一届全国委员会第一次会议上，委员们一致选举毛泽东为主席；周恩来、李济深、沈钧儒、郭沫若、陈叔通为副主席；李维汉为秘书长；选举产生28名常务委员。

代表们举手表决

大会接着进行第二项议程，选举产生中央人民政府委员会。此次选举采取逐一投票的方式。会议代表总额为662名，有选举权的正式代表585人。实际参加当天投票的代表人数为 576 人，符合选举规定。

中国人民政治协商会议的召开，是中国人民革命的伟大成果。这是几代中国人用鲜血、牺牲、汗水换来的。在庆祝胜利之际，为纪念在人民解放战争和人民革命中牺牲的人民英雄，9 月 30 日大会通过了主席团提出的建立烈士纪念碑的建议。会议决议：在首都北京天安门外，建立一个为国牺牲的人民英

毛泽东宣读人民英雄纪念碑碑文

雄纪念碑。毛泽东亲自为纪念碑撰写碑文。在大会选举开票的间隙，参加会议的政协代表驱车来到新开辟的天安门广场，为烈士纪念碑举行隆重的奠基礼。在浩瀚的云天中，毛泽东朗读碑文的雄伟声音，在人们的心上、耳底回荡。

当天下午 19 时 30 分，执行主席刘少奇宣布毛泽东当选中央人民政府主席。全体代表一致起立，热烈鼓掌。乐队奏起"东方红，太阳升，中国出了个毛泽东"的乐曲。代表们和着节拍鼓掌，响起此起彼伏的"毛泽东万岁"的口号。

大会选举朱德、刘少奇、宋庆龄、李济深、张澜、高岗为中央人民政府副主席。选举陈毅等 56 人为中央人民政府委员。毛泽东和六位副主席

毛泽东当选为中央人民政府主席，全场起立鼓掌

当选的中央人民政府主席、副主席登上主席台。左起：刘少奇、朱德、毛泽东、宋庆龄、李济深、张澜、高岗

在热烈的掌声中走上主席台。

刘少奇宣布选举结果后，大会通过了《中国人民政治协商会议第一届全体会议宣言》。

大会闭幕会由朱德致辞。朱德响亮宣布：中国人民政治协商会议第一届全体会议的工作，已经胜利地完成了。我们全体一致，宣告了中华人民共和国的成立。

瞬间，会场各种灯光闪亮，如狂风骤雨般的掌声经久不息。主席台上展开一幅巨大的国旗，鲜红中泛着金光；乐队三奏国歌，人们鼓掌应和。每一位爱国的中国人，为胜利尽情欢呼吧！

十月一日：伟大的光荣的日子

中华人民共和国中央人民政府的成立，是中国历史上开天辟地的大事变。中华民族开启了新的纪元。

新政协筹备会期间，中共中央成立了以周恩来为主任，彭真、聂荣臻为副主任，林伯渠为秘书长的开国典礼筹备委员会，决定在天安门举行庆祝中央人民政府成立典礼。

1949年10月1日，北京天安门焕然一新。天安门城楼是开国大典的主席台。城楼内檐的"中华人民共和国中央人民政府成立典礼"会标非常醒目。城楼上悬挂着毛泽东的巨幅画像，两侧红墙张贴巨大标语："中华人民共和国万岁""中央人民政府万岁"。数面五星红旗和廊柱间吊起的八盏大型宫灯，把天安门城楼装扮得庄严、喜庆。

下午13时，首都30万群众身着节日盛装，从四面八方来到天安门广场，参加庆祝中华人民共和国中央人民政府成立典礼。整个广场锣鼓喧天、旗帜飘扬，洋溢着节日的气氛。

下午14时，中央人民政府委员会召开第一次会议。毛泽东主持会议。中央人民政府主席毛泽东，副主席朱德、刘少奇、宋庆龄、李济深、张澜、高岗及周恩来、陈毅、董必武等56位委员宣布就职。会议一致决议接受《中国人民政治协商会议共同纲领》为中央人民政府施政方针；选举林伯渠为中央人民政府委员会秘书长，任命周恩来为政务院总理兼外交部部长、毛泽东为人民革命军事委员会主席、朱德为人民解放军总司令、沈钧儒为最高人民法院院长、罗荣桓为最高人民检察署检察长；并责成他们从速组成政府机构，执行各项政府工作。会议还通过《中华人民共和国中央人民

中华人民共和国中央人民政府成立典礼在天安门广场举行

中央人民政府主席、副主席与部分委员合影

政府公告》。

下午 15 时，中央人民政府主席毛泽东和刚刚就职的中央人民政府委员会成员、出席人民政协第一届全体会议的代表，登上天安门城楼。毛泽东站在麦克风前高声宣布："中华人民共和国中央人民政府今天成立了！"

这是一个具有划时代意义的声音。它高亢激昂，穿越寰宇，向全世界通告：中华人民共和国诞生了，一个国家统一、民族独立、人民当家作主的崭新中国成立了！新的中国像一轮红日升起在世界东方！

在万众瞩目下，毛泽东按动电钮升起了五星红旗；54 尊礼炮齐鸣 28 响；隆重的阅兵式在欢呼声中开始了。当晚，华灯齐放，礼花闪烁，游行队伍将古都北京汇成了一个欢乐的海洋！

中华人民共和国的成立，是一个伟大事件。它彻底改变了近代以后 100 多年中国积贫积弱、受人欺凌的悲惨命运。中华民族走上了实现伟大复兴的壮阔道路。

为了纪念中华人民共和国的成立，在 10 月 9 日全国政协一届一次会议

毛泽东宣读《中华人民共和国中央人民政府公告》

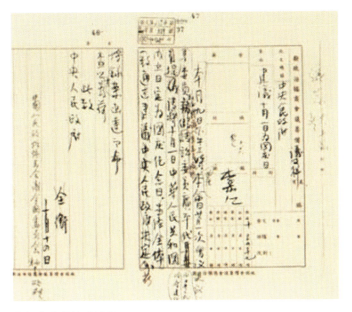

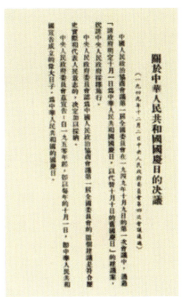

马叙伦委员的建议案

中央人民政府委员会通过的
关于国庆日的决议

召开期间，时任政务院教育部部长马叙伦委员认为，应确立中华人民共和国的国庆日，以区别于中华民国"双十节"的国庆日。马叙伦因病不能出席当天的会议，他写了个很简单的提案，委托许广平委员带到会上。会议通过了马叙伦关于将 10 月 1 日确定为中华人民共和国成立纪念日的建议，并由大会秘书处送中央人民政府批准。

12 月 2 日，中央人民政府委员会第四次会议通过决议，指出："自1950 年起，即以每年的 10 月 1 日，即中华人民共和国宣告成立的伟大日子，为中华人民共和国的国庆日。"自此，"10 月 1 日"这个中国站起来的日子，就成为一种精神象征。它催发一代又一代中国人赓续接力，朝着富起来、强起来、实现中华民族伟大复兴的"中国梦"而奋进！

图书在版编目（CIP）数据

红日升起在东方 / 李红梅著 . -- 北京：中国文史
出版社 , 2023.12

ISBN 978-7-5205-4102-2

Ⅰ . ①红… Ⅱ . ①李… Ⅲ . ①中国历史 – 现代史 – 史
料 Ⅳ . ① K266.06

中国国家版本馆 CIP 数据核字（2023）第 108424 号

责任编辑：戴小璇

出版发行：中国文史出版社
社　　址：北京市海淀区西八里庄 69 号院　**邮编：**100142
电　　话：010-81136606　81136602　81136603（发行部）
传　　真：010-81136655
印　　装：廊坊市海涛印刷有限公司
经　　销：全国新华书店
开　　本：1/16
印　　张：9.5
字　　数：130 千字
版　　次：2023 年 8 月北京第 1 版
印　　次：2023 年 8 月第 1 次印刷
定　　价：52.00 元

文史版图书，版权所有，侵权必究。

11月

2日 辽沈战役胜利结束。

3日 中共中央致电东北局负责人，表示同意章伯钧、蔡廷锴提议，"临时中央人民政府有很大可能不需要经全国临时人民代表会议，即径由新政协会议产生"。

14日 毛泽东为新华社撰写评论《中国军事形势的重大变化》。在这篇评论里，毛泽东根据辽沈战役后敌我力量变化的新形势，对于人民解放战争胜利的时间重新作了估计，指出从1948年11月起，再有一年左右的时间，就可以打倒国民党的反动统治。

20日 方方、潘汉年、连贯致电中共中央，报告与在港各民主党派、无党派民主人士就《关于召开新的政治协商会议诸问题（草案）》座谈的情况。

23日深夜 民主人士郭沫若、马叙伦、许广平、陈其尤、丘哲、翦伯赞、曹孟君、沈志远、侯外庐、冯裕芳、许宝驹等秘密登上"华中轮"，次日凌晨离港北上。12月3日，在安东（今丹东）附近大东沟登陆，6日乘火车抵达沈阳。

25日 东北局负责人高岗、李富春代表中共中央与在哈尔滨的民主人士沈钧儒、谭平山、章伯钧、蔡廷锴、王绍鏊、朱学范、高崇民、李德全等，就新政协筹备会、新政协参加者、新政协专门委员会等问题达成了《关于召开新的政治协商会议诸问题的协议》。

本月 吴晗夫妇、严信民、刘清扬、杨刚等相继辗转抵达华北解放区。

12月

26日深夜 民主人士李济深、朱蕴山、茅盾、梅龚彬、邓初民、吴茂荪、彭泽民、章乃器、洪深、施复亮、孙起孟、李民欣等秘密登上苏联货轮"阿尔丹号"，自香港起航北上。1月7日，李济深一行抵达大连，东北局负责人李富春、张闻天及朱学范专程前往迎接。10日，他们一行抵达沈阳。

1949 年

1月

1日 毛泽东发表新年献词《将革命进行到底》。指出：在全国范围内推翻国民党的反动统治，在全国范围内建立人民共和国，这是中国人民、中国共产党、中国一切民主党派和人民团体1949年的主要任务。

同日 蒋介石发表"求和"的《新年文告》，提出愿以保存"伪宪法""伪法统"和国民党军队为条件，与共产党商讨"停止战事，恢复和平的具体办法"。

6日至8日 中共中央政治局会议在西柏坡召开。会议通过毛泽东起草的《目前形势和党在一九四九年的任务》的决议。决议指出："1949年必须召集没有反动派代表参加的以完成中国人民革命任务为目标的各民主党派各人民团体的政治协商会议，宣告中华人民民主共和国的成立，组成共和国的中央政府，并通过共同纲领。"

6日 在华北解放区的民主人士符定一、周建人、韩兆鹗、翦伯赞、刘清扬、楚图南、田汉、胡愈之、沈兹九、严信民、杨刚、宦乡、吴晗、张曼筠、周颖、何惧等19人，联名致电在东北解放区的民主人士沈钧儒、章伯钧、马叙伦、王绍鏊、陈其尤、蔡廷锴、谭平山、郭沫若、朱学范、李德全等人，揭露国民党战犯求和的实质。

10日 淮海战役胜利结束。

14日 毛泽东代表中共中央发表《关于时局的声明》，提出以彻底消灭反动势力为基础的八项和谈条件。其中第八项为："召开没有反动分子参加的政治协商会议，成立民主联合政府，接收南京国民党反动政府及其所属各级政府的一切权力。"

19日 毛泽东、周恩来致电宋庆龄，请她北上参加新政协，并对于如何建设新中国予以指导。

20日 毛泽东主席致电南洋华侨领袖陈嘉庚、美洲华侨领袖司徒美堂，邀请他们参加新的政协会议。

21日 人民解放军平津前线司令部林彪、罗荣桓、聂荣臻与北平国民党守军司令傅作义正式达成和平解放北平问题的协议。傅作义签字后发表了广播讲话。

同日 蒋介石宣布引退，李宗仁出任"代总统"。

22日 到达解放区的各民主党派、各人民团体的代表人物及无党派民主人士李济深、沈钧儒、谭平山、郭沫若等55人联合发表声明，拥护毛泽东提出的八项条件。声明强调："愿在中共领导下，献其绵薄，共策进行，以期中国人民民主革命之迅速成功，独立、自由、和平、幸福的新中国之早日实现。"

同日 中共中央发出《关于对待民主人士的指示》。

26日 九三学社在北平发表响应中共中央"五一口号"、拥护召开新政协会议的宣言。

27日 李宗仁致电毛泽东，表示愿意以八项条件作为和谈的基础。

31日 北平和平解放。

本月 雷洁琼、严景耀、费孝通、张东荪由人民解放军护送抵达西柏坡，受到毛泽东、周恩来等中共领导人的会见。

2月

1日 到达解放区的各民主党派、各界代表人物李济深、沈钧儒、马叙伦、郭沫若等56人致电中共中央主席毛泽东和朱德总司令，庆祝北平和平解放和人民解放军取得的伟大胜利。

2日 毛泽东、朱德复电李济深、沈钧儒等56名民主人士。

23日 李济深、沈钧儒、马叙伦、郭沫若等35位在东北的民主人士在中共中央代表林伯渠陪同下，乘"天津解放号"专列由沈阳出发，25日抵达北平。

24日 根据中共中央指示，人民解放军平津前线指挥部、北平市军事管制委员会等为民主人士举行盛大欢迎会。

28日 民主人士柳亚子、陈叔通、马寅初、叶圣陶、郑振铎、宋云彬、包达三、张絅伯、曹禺、徐铸成、张志让、刘尊棋、沈体兰、赵超构、郭绣莹、冯光灌、邓裕志、王芸生、傅彬然等乘"华中号"货轮从香港起航。由于这一行以知识分子居多，史称"知北游"。3月5日，"知北游"一行在烟台登陆，后在山东解放区穿行10天，行经莱阳、潍坊、青州、济南、德州、沧州、天津等地，于18日抵达北平。

3月

5日至13日 中共七届二中全会在西柏坡召开。会议批准由中国共产党发起的关于召开新的政治协商会议及成立民主联合政府的建议。

14日 民主人士黄炎培、盛丕华、俞寰澄等一行秘密从香港起程北上，于25日抵达北平。

21日 250余位各界人士乘坐"宝通号"货轮驶离香港。主要乘客有周新民、刘王立明、杨玉恒、曾昭抡、李伯球、罗子为、谭惕吾、黄鼎臣、费振东、严济慈、杜惠君、周鲸文、阳翰笙、史东山、臧克家、丁玲、张瑞芳、丁聪、特伟、李凌、于伶、黎国荃、黎澍、徐伯昕、薛迪畅、胡耐秋、狄超白等。26日，抵达天津。

25日 毛泽东率中共中央机关和人民解放军总部到达北平，并在西郊机场检阅人民军队。当晚，在颐和园益寿堂宴请各民主党派领导人及无党派民主人士。

7月

日 新政协筹备会国旗、国徽图案初选委员会及国歌词谱初选委员会决定公开征求国旗、国徽图案和国歌词谱。

7日 出席新政协筹备会各单位联合发表《新政治协商会议筹备会各党派各团体为纪念"七七"抗日战争十二周年宣言》。

10日 中共中央书记处决定组织新政协筹备会党组干事会及常委会。

14日至22日 中华全国社会科学工作者代表会议筹备会、中华全国教育工作者代表会议筹备会、中华全国文学艺术联合会、中华全国自然科学工作者代表会议筹备会和中华全国新闻工作者协会筹备会先后成立。

8月

18日 新政协筹备会各单位首席代表在中南海勤政殿座谈关于参加新政协代表名单问题。

同日 毛泽东以新政治协商会议筹备会主任名义邀请阿合买提江等参加即将召开的新政治协商会议。

27日 阿合买提江、伊斯哈克伯克、阿巴索夫、达列力汗、罗志等五位代表在飞往北平途中，于苏联伊尔库茨克外贝加尔湖地区上空遭遇恶劣气候，飞机撞山，不幸全部遇难。

28日 宋庆龄在邓颖超、廖梦醒陪同下，乘专列抵达北平，受到毛泽东、朱德、周恩来、林伯渠、董必武、李济深、何香凝、沈钧儒、陈其瑗、郭沫若、柳亚子、廖承志等50余人的热烈欢迎。

9月

7日 周恩来在北京饭店向已到北平参加新政治协商会议的代表作《关于中国人民政协几个问题的报告》。

17日 新政治协商会议筹备会第二次全体会议在北平举行，周恩来报告三个月来的筹备工作。会议一致通过将"新政治协商会议"改称为"中国人民政治协商会议"，将《中国人民政治协商会议组织法（草案）》《中华人民共和国中央人民政府组织法（草案）》《中国人民政治协商会议共同纲领（草案）》提交中国人民政治协商会议第一届全体会议审议等项决议。

21日至30日 中国人民政治协商会议第一届全体会议在北平召开。会议代表全国各族人民意志，执行全国人民代表大会职权，通过了起临时宪法作用的《中国人民政治协商会议共同纲领》及《中华人民共和国中央人民政府组织法》、《中国人民政治协商会议组织法》；选举出了中国人民政治协商会议第一届全国委员会；选举出了中央人民政府委员，毛泽东当选为中央人民政府主席，朱德、刘少奇、宋庆龄、李济深、张澜、高岗当选为副主席，陈毅等56人为中央人民政府委员；决定了国旗、国歌和纪年，决议定都北平，将北平改名为北京。

30日 下午6时，中国人民政治协商会议全体代表在天安门广场举行人民英雄纪念碑奠基典礼。

10月

1日 中央人民政府委员会由毛泽东主持举行第一次会议，一致决议接受《中国人民政治协商会议共同纲领》为政府施政方针，任命周恩来为中央人民政府政务院总理兼外交部部长，毛泽东为中央人民政府人民革命军事委员会主席，朱德为人民解放军总司令。

同日 30万军民齐集新中国首都北京天安门广场，隆重举行庆祝中华人民共和国和中央人民政府成立典礼。毛泽东向全世界庄严宣告："中华人民共和国中央人民政府今天成立了！"

· 大事记 ·

4 月

25 日　毛泽东致电刘少奇、朱德、周恩来、任弼时，提出召开中共中央书记处会议，讨论"邀请港、沪、平、津等地各中间党派及民众团体的代表人物到解放区，商讨召开人民代表大会并成立临时中央政府"等重要问题。

27 日　毛泽东写信给晋察冀中央局城市工作部部长刘仁，要他告知张东荪、符定一，中共准备在当年秋季召开各民主党派各人民团体的代表会议，会议名称拟称为政治协商会议，开会地点在哈尔滨。

30 日至 5 月 7 日　中共中央在城南庄召开书记处扩大会议。会议的中心议题是研究如何促进和迎接中国革命全面胜利的到来。会议第一天讨论并通过了经毛泽东修改的《中共中央纪念"五一"劳动节口号》。

30 日　中共中央发布纪念"五一"劳动节口号，号召"各民主党派、各人民团体、各社会贤达迅速召开政治协商会议，讨论并实现召集人民代表大会，成立民主联合政府"。

5 月

1 日　毛泽东致函在香港的李济深、沈钧儒，指出：在目前形势下，召集人民代表大会，成立民主联合政府，加强各民主党派、各人民团体的相互合作，并拟订民主联合政府的施政纲领，业已成为必要，时机亦已成熟。但欲实现这一步骤，必须先邀集各民主党派、各人民团体的代表开一个会议。此项会议似宜定名为政治协商会议。

同日　中共中央电示上海局、香港分局，拟邀请各民主党派代表李济深、冯玉祥、何香凝等 29 人来解放区协商召开新政协。

4 日　陈嘉庚在新加坡主持召开侨团大会，代表 120 个华侨团体致电毛泽东，响应"五一口号"。

5 日　李济深、何香凝、沈钧儒、章伯钧、马叙伦、王绍鏊、陈其尤、彭泽民、李章达、蔡廷锴、谭平山、郭沫若等 12 位民主人士联合致电毛泽东并通电国内外，响应中共"五一口号"。

7 日　台湾民主自治同盟发表声明，号召台湾同胞响应"五一口号"。

8 日　华商报召开"目前新形势与新政协"座谈会。

23 日　民主建国会在上海秘密举行常务理事、监事联席会议，通过响应中共"五一口号"的决议。

24 日　中国民主促进会发表宣言，响应中共"五一"号召。

本月　三民主义同志联合会和中国国民党民主促进会在香港宣布响应中共"五一"号召。

6 月

4 日　在香港的各界人士冯裕芳、柳亚子、茅盾、章乃器、朱蕴山等 125 人联名发表声明，响应中共"五一口号"。

9 日　中国致公党在香港发表宣言，响应"五一口号"。

13 日　毛泽东起草中共中央致上海局、香港分局并告潘汉年电，请他们就召开政治协商会议的时间、地点、召集人、代表名额以及人民代表会议何时召集及如何召集等事项，征询各民主党派、人民团体、社会贤达的意见。

14 日　中国民主同盟香港总部发表《致全国各民主党派各人民团体各报馆暨全国同胞书》，积极响应中共"五一"

号召，同时提出开展"新政协运动"。

17 日　中国农工民主党在香港发表声明，响应"五一口号"。

25 日　中国国民党革命委员会在香港发表声明，响应"五一口号"。

30 日　中共香港分局邀请民主人士召开座谈会，讨论新政协。

7 月

7 日　中国人民救国会发布"七七"宣言，开展"新政协运动"。

31 日　受中共中央邀请，冯玉祥携家人离开美国，回国参加新政协。

8 月

1 日　毛泽东复电李济深等 12 人，希望他们就召开新政治协商会议的时间、地点、召集人、参加会议者的范围以及会议应讨论的问题等提出意见。

1 日至 22 日　全国第六次劳动大会在哈尔滨举行。大会决定恢复中华全国总工会。

7 日至 19 日　华北临时人民代表大会在石家庄召开，选举产生华北人民政府。

9 月

1 日　冯玉祥在归国途中于黑海遭遇轮船突然起火，不幸遇难。毛泽东、朱德等领导人闻讯致电吊唁。

8 日至 13 日　中共中央在西柏坡召开政治局扩大会议，即"九月会议"。会议根据战争形势的发展，提出用五年左右时间从根本上打倒国民党反动统治的伟大战略任务。

12 日深夜　民主人士沈钧儒、谭平山、蔡廷锴、章伯钧及林一元（蔡廷锴秘书）一行，秘密登上苏联"波尔塔瓦号"货轮，次日上午起程离开香港。27 日，到达朝鲜罗津港，东北局负责人李富春专程前往迎接。29 日乘火车抵达哈尔滨。

20 日　中共中央给上海局、香港分局发电指出：北来人士，拟先集中哈尔滨招待商谈；华北民主人士如直进解放区则集中华北。视战事发展，明春或来华北或即在哈市召开新政协。

26 日　中共中央发出《关于城工部改名为统战部及该部工作任务等问题的指示》。

本月　胡愈之、沈兹九夫妇，王任叔，韩兆鹗，何惧等人在中共地下党的护送下，相继辗转到达华北解放区。

10 月

1 日　毛泽东复电陈嘉庚，征求各界侨胞对于召开新政治协商会议的各项具体意见。

8 日　中共中央将《关于召开新的政治协商会议诸问题（草案）》发中共东北局，指示东北局约集已在哈尔滨的民主人士进行商讨。

11 日　毛泽东起草中共中央致东北局电，指示邀集沈钧儒、谭平山、章伯钧、蔡廷锴、高崇民、朱学范等，征得他们对新政协各项问题的同意，并请他们提出参加政协会议的名单。

21 日、23 日　东北局负责人约集沈钧儒等民主人士就《关于召开新的政治协商会议诸问题（草案）》举行两次座谈。

30 日　中共中央将经讨论修改后的《关于召开新的政治协商会议诸问题（草案）》发华南分局，指示抄送李济深、何香凝、周新民、马叙伦、陈其尤、李章达、沈志远、彭泽民、章乃器、孙起孟、郭沫若等，征询他们的意见。

本月　田汉、安娥夫妇在中共地下党护送下辗转抵达华北解放区。

日　中共中央决定派周恩来、林伯渠、林彪、叶剑英、李维汉为和谈代表（4月1日加派聂荣臻为代表），周恩来为首席代表，以毛泽东主席1月14日声明的八项条件为基础，自4月1日起在北平与以张治中为首席代表的国民党政府代表团进行和平谈判。

月

日　国共双方经过半个月的谈判和分别交换意见及与各方磋商，中共代表团提出八条二十四款的《国内和平协定》（最后修正案）。国民党政府代表团表示可以接受。中共代表团要求南京国民党政府在20日以前答复。

日　国民党当局拒绝在《国内和平协定》（最后修正案）上签字。北平和谈宣告结束。国民党政府代表团全体人员选择与国民党当局分道扬镳，参加新政协工作。

日　毛泽东主席、朱德总司令向人民解放军发出《向全国进军的命令》。人民解放军发起渡江作战。

日　人民解放军占领南京，宣告国民党在全国的反动统治的覆灭。

月

日　乘"岳州号"北上的各界人士从香港起程，主要乘客有李达、王亚南、姜椿芳、钟敬文、黄药眠、舒绣文等。

日　"岳州号"货轮抵达天津塘沽。

日　上海解放。

日　张澜致电毛泽东、朱德、周恩来、董必武，祝贺人民解放军光荣胜利。

月

日　毛泽东等人联名复电张澜，表示："今后工作重在建设，呕盼告各方友好共同努力。"

日晚　毛泽东在双清别墅寓所主持新政治协商会议筹备会首次预备会议。毛泽东、周恩来（中共）、李济深（民革）、沈钧儒、章伯钧（民盟）、黄炎培（民建）、郭沫若（无党派民主人士）、马叙伦（民进）、彭泽民（农工）、谭平山（民联）、蔡廷锴（民促）、陈其尤（致公党）、朱德（解放军）、李立三（总工会）、刘玉厚（解放区农民团体）、陈叔通（产业界）、沈雁冰（文化界）、张奚若（民主教授）、廖承志（青联）、蔡畅（妇联）、谢邦定（学联）、周建人（上海人民团体联合会）、乌兰夫（少数民族）、陈嘉庚（南洋华侨）等出席。

日　新政治协商会议筹备会在北平成立。

日至19日　新政协筹备会第一次会议在中南海勤政殿召开。会议通过了《新政治协商会议筹备会组织条例》《关于参加新政治协商会议的单位及其代表名额的规定》，选出了筹备会常务委员会，推选毛泽东为主任，周恩来、李济深、沈钧儒、郭沫若、陈叔通为副主任。常委会下设六个小组，分别承担拟定参加新政治协商会议之单位及其代表之人数、起草新政治协商会议组织条例、起草共同纲领、起草中华人民民主共和国政府方案、起草宣言、拟定国旗国徽国歌方案等具体任务。

日　受中共中央派，邓颖超和廖梦醒等一行7人携带毛泽东、周恩来给宋庆龄的亲笔信，前往上海邀请宋庆龄北上，参加新政协。

日　张澜、罗隆基、史良一行乘火车抵达北平，朱德、周恩来、董必武、沈钧儒、郭沫若等到车站迎接。次日，毛泽东亲临北京饭店看望张澜等人。

日　毛泽东发表《论人民民主专政》。文章阐明了人民民主专政的性质和任务，为新政协会议的召开做了思想上政治上的准备。